Bergpredigt

Herausgegeben und eingeleitet von
Sigrid und Horst Klaus Berg

W0465884

Kösel/Calwer

Biblische Texte verfremdet Band 8
Herausgegeben und eingeleitet von Sigrid und Horst Klaus Berg

CIP-Kurztitelaufnahme der Deutschen Bibliothek

Bergpredigt / hrsg. u. eingel. von Sigrid u. Horst Klaus Berg. –
München : Kösel ; Stuttgart : Calwer Verl., 1988
(Biblische Texte verfremdet ; Bd. 8)
ISBN 3-466-36373-X (Kösel) kart.
ISBN 3-7668-0860-5 (Calwer Verl.) kart.
NE: Berg, Sigrid [Hrsg.]

© 1988 by Kösel-Verlag GmbH & Co., München
und Calwer Verlag, Stuttgart.
Printed in Germany. Alle Rechte vorbehalten.
Gesamtherstellung: Kösel, Kempten.
Umschlag: Günther Oberhauser, München, unter Verwendung des
Bildes »Arabisches Märchen«, 1925, von Alexej Jawlensky.
Privatbesitz. © 1987, Copyright by COSMOPRESS, Genf.
ISBN 3-466-36373-X (Kösel)
ISBN 3-7668-0860-5 (Calwer)

INHALT

EINFÜHRUNG

„Gute Nachricht" – so kann man den aus dem Griechischen stammenden Begriff „Evangelium" übersetzen. Tatsächlich hat das Wort in biblischer Zeit immer wieder Menschen als „Nachricht" erreicht, als Neuigkeit, die Jubel auslöste oder auch Entsetzen, Trost gab oder zum neuen Aufbruch antrieb. Was ist davon geblieben?
Die immer gleichen Bibeltexte ziehen an uns vorüber: als Perikope im Gottesdienst, als vorgegebener Schriftabschnitt in der täglichen Lesung, als Stoff im Religionsunterricht. Dadurch kommt es zu einem fatalen Gewöhnungseffekt; „overfamiliar" nennt man im Englischen ein Verhältnis, in dem übergroße Vertrautheit eine wirkliche Begegnung nicht mehr aufkommen läßt. Das allzu Bekannte erkennen wir nicht mehr. Aber nicht nur Gewöhnung ist die Gefahr, sondern auch, daß wir die biblische Botschaft nach unseren Bedürfnissen zurechtmachen. Aus dem Feuer des Wortes wird nur allzu leicht die Warmhalteplatte bürgerlich-religiöser Behaglichkeit.
Wir müssen die Vertrautheit aufheben, damit die Bibel wieder fragwürdig wird. Eine wichtige Methode ist die Verfremdung. Die Bände „Biblische Texte verfremdet" bieten dafür viele Beispiele und Anregungen.

Drei Schritte zum Verstehen

Wer sich mit Verfremdungen beschäftigt, sieht sich mit Texten oder Bildern konfrontiert, die Aufmerksamkeit erregen und zur Auseinandersetzung provozieren wollen. Um genauer zu klären, was bei dieser Auseinandersetzung geschieht, wollen wir den Verstehensprozeß schrittweise darstellen, auch wenn er beim praktischen Umgang mit Verfremdungen sicher oft ganz anders verläuft.
Wir setzen nicht bei der fertigen Verfremdung ein; diese gewinnt ja ihr eigenes Profil erst durch die Spannung zum Bibeltext, mit dem sie kritisch umgeht.

Da „Bergpredigt“ heute fast zum Schlagwort geworden ist, mit dem sich bestimmte Vorstellungen und Urteile verbinden, skizzieren wir zunächst einmal die inhaltlichen Merkmale dieser Vorstellungen. In einem *1. Schritt* fragen wir dann nach der ursprünglichen Botschaft der biblischen Überlieferung, die den Verfremdungen des Bandes zugrunde liegt. Darauf prüfen wir in einem *2. Schritt,* welche Barrieren, Mißverständnisse, Gewohnheiten sich heute zwischen uns und die biblischen Texte geschoben haben. Können wir die überkommene Botschaft noch aufnehmen? Schließlich untersuchen wir, mit welchen Absichten und Methoden sich heute Schriftsteller und Künstler verfremdend mit diesen Texten auseinandersetzen *(3. Schritt).* Das werden wir an Beispielen aus diesem Band erläutern. (Eine ausführliche Darstellung der Grundsätze und Verfahren bietet der Band 1. dieser Reihe an. Er enthält außerdem Vorschläge und Modelle zum Einsatz von Bibelverfremdungen in Religionsunterricht und Gemeindearbeit sowie Anleitungen zu eigenen Verfremdungsversuchen. Die Einleitungen zu den einzelnen Bänden können nur eine knappe Zusammenfassung anbieten; diese verwenden bei den Ausführungen über die Bedeutung der Verfremdung teilweise den gleichen Text).

„Bergpredigt“ – ein viel gebrauchtes Schlagwort

„Mit der Bergpredigt kann man keine Politik machen“ – dieser ursprünglich von Bismarck gebrauchte Satz kursierte vor einigen Jahren, als sich Christen in der Friedensdiskussion immer wieder auf das Wort Jesu beriefen. Dieser Vorgang ist Anlaß zu einigen interessanten Beobachtungen: *Einmal* wird der Begriff „Bergpredigt“ recht pauschal verwendet; tatsächlich aber sind in diesem Zusammenhang nicht die Kapitel 5–7 bei Matthäus gemeint, sondern augenscheinlich nur jener Ausspruch, daß man dem, der auf die rechte Wange schlägt, auch die andere hinhalten solle (Mt 5,38–42). Die *andere Beobachtung:* „Die Bergpredigt“ wird insgesamt als ethische Forderung verstanden, die sich zwar an bedeutenden Normen orientiert, die aber für das praktische Leben keinerlei Verbindlichkeit beanspruchen kann.
Dieser eigentümliche Umgang mit der Bergpredigt veranlaßt uns, nach ihrer ursprünglichen Bedeutung zu fragen.

1. Schritt: Die Bergpredigt – eine Einladung zum Leben

Sicher hat Jesus „die Bergpredigt" nie in der Form gehalten, wie Matthäus es beschreibt. Vielmehr hat der Verfasser des 1. Evangeliums ihm vorliegendes Spruchgut aus der Jesusüberlieferung (das wohl auch schon zu kleineren Sammlungen zusammengefügt war) planvoll zu einer durchdachten Redekomposition verarbeitet. Einen gewissen Einblick in den Vorgang der Bearbeitung bietet der Vergleich mit der „Feldrede" des Lukas (Lk 6,20–49): Dieses viel kürzere Stück enthält wesentliche Elemente aus Mt 5–7, stellt aber wohl eine frühere Fassung der Redekomposition dar. Dies belegt auch ein Vergleich der sogenannten Seligpreisungen bei beiden Evangelisten:
Bei Lukas heißt es: *Selig seid ihr Armen, denn euch gehört das Reich Gottes (Lk 6,20).*
Matthäus formuliert so: *Selig sind die geistlich Armen, denn ihrer ist das Reich der Himmel (Mt 5,3).*
Die direkte Anrede an die Armen und der Verzicht auf erläuternde Hinweise sprechen dafür, daß Lukas die ursprünglichere Form des Spruchs festgehalten hat. Jesus verkündet den Armen die gute Nachricht, daß für sie die Heilszeit angefangen hat. Das ist keine Forderung, keine Vertröstung auf die Zukunft, sondern eine Zusage. Woran erkennen die Armen, daß sie sich auf die Zusage Jesu verlassen können? An Jesus selbst. Denn alle Taten und Worte Jesu sind Einlösung dieser Seligpreisung: Kranke werden gesund, Diskriminierte angenommen, Sündern wird vergeben ... all das zeigt deutlich: Das neue Leben hat schon angefangen – oder, wie Jesus es einmal ausspricht: „Das Reich Gottes ist in eurer Mitte!" (Lk 17,21)
Die Bergpredigt muß von dieser Mitte aus verstanden werden – sie ist nichts anderes als die ausgeführte Einladung zum neuen Leben: Die Armen, Weinenden, Verfolgten erfahren Heil (Mt 5,3–12); keiner muß mehr Vergeltung üben oder muß sich hinter Normen verstecken, sondern jeder darf in freier Liebe leben (5,21–48); Beten, Fasten und Teilen ist nicht länger ein krampfhaftes Bemühen, sondern ungezwungenes Ausleben des Vertrauens zum Vater (6,1–24); keiner muß mehr sorgen, ob er auch genug besitzen und konsumieren kann, denn alle sind bei Gott geborgen (6,25–34); all das ist Einladung und Anleitung zum guten, gelingenden Leben (Kapitel 7).

Gelingendes Leben ist allerdings nicht selbstverständlich, sondern schließt Abkehr von gewohnten Denkmustern und Verhaltensweisen ein: „Umkehr zum Leben“ hat man diese neue Ausrichtung genannt, die die Bergpredigt im Auge hat. Die alten Seinsweisen sind oft so verfestigt und selbstverständlich geworden, daß geradezu ein Schock vonnöten ist, um sie aufzubrechen; das ist wohl der Sinn der oft drastischen Formulierungen der sogenannten Antithesen (Mt 5,21 ff.).

2. Schritt: Das Mißverständnis: die Bergpredigt als Gesetz

Schon sehr früh ist das Mißverständnis aufgekommen, bei der Bergpredigt gehe es um ethische Leistungen, die in der Nachfolge Jesu zu erbringen seien. Schon bei Matthäus werden aus den Armen, denen Jesus in der Version des dritten Evangelisten das Heil zuspricht, die „geistlich Armen“, offenbar Leute, die eine bestimmte religiöse Einstellung und Haltung zeigen – der erste Schritt zum Leistungsdenken im Blick auf die Bergpredigt ist getan.
In der *Alten Kirche* kommt es folgerichtig zu einer Entwicklung, an deren Ende die Bergpredigt als eine Ethik für die religiöse Elite steht: Für alle Christen gelten die Zehn Gebote, aber die Bergpredigt können nur diejenigen „erfüllen“, die sich besondere Leistungen abverlangen, letztlich nur die Mönche.
Die *Reformatoren* haben diese Zwei-Stufen-Ethik klar abgelehnt, doch kommt es bei ihnen zu einer neuen Abgrenzung: Die Gebote der Bergpredigt könne der Christ als einzelner Zeuge Jesu „halten“; aber im Kontext seiner sozialen Beziehungen müsse er im Konfliktfall darauf verzichten. Es zeichnet sich eine Zwei-Bereiche-Ethik ab: eine Aufspaltung der Verbindlichkeit der Bergpredigt in den privaten und den öffentlichen Bereich. Am Ende steht dann die Trennung in eine „Gesinnungsethik“ für den einzelnen und in eine „Verantwortungsethik“, die sich an den Gesetzen politischen Handelns auszurichten habe; an diesem Gedanken orientiert sich wohl der immer wieder zitierte Ausspruch Bismarcks.
Alle bisher genannten Ansätze gehen davon aus, daß „die Bergpredigt“ ein Gesetz mit einem so hohen Anspruch enthalte, daß es nur von bestimmten Gruppen oder in bestimmten Lebensbereichen einzulösen sei.

Eine spezifische Variante vertritt die Lehre des Luthertums – teilweise bis in die Gegenwart hinein: Die Bergpredigt setze so hohe Maßstäbe, daß der Mensch mit seiner Unfähigkeit zum rechten Handeln konfrontiert, er zur Erkenntnis der Sündhaftigkeit gebracht und damit für den Gnadenzuspruch vorbereitet wird.
Eine dritte Richtung versteht die Bergpredigt als Grund und Maßstab erneuerten Christseins in der Gemeinde. Recht deutlich zeigt sich dies Verständnis in der Reformationszeit bei den Täufergemeinden. Zwei Merkmale sind wichtig: man verzichtet auf jede Einschränkung des Geltungsbereichs der Bergpredigt – und sucht den Lebensbezug nicht beim einzelnen, sondern in der Gemeinde. Beide Merkmale sind sicher dem biblischen Verständnis viel näher als die bisher vorgestellten Deutungen. Es spricht viel dafür, daß die Täufergemeinden lernten, neu auf die Botschaft der Bergpredigt zu hören, weil sie als Verfolgte und Geächtete in der Situation der „Armen“ waren, denen Jesus das Heil ansagt. Und es ist kein Zufall, daß dies Verständnis in der Gegenwart da aufscheint und praktisch wird, wo Menschen von der Situation der Armen betroffen sind: in den Gemeinden der Dritten Welt, in den Friedenskirchen, im religiösen Sozialismus, in der Friedensbewegung, in manchen Basisgemeinden bei uns.
Überall wird verstanden, daß die Botschaft von der guten Herrschaft Gottes kein Gesetz ist, dem man sich möglichst entzieht, sondern eine Einladung zum Leben.

3. Schritt: Verfremdungen bringen die Botschaft der Bergpredigt wieder zur Sprache

Verfremdungen suchen und eröffnen neue Wege zum Evangelium. Dafür hat sich eine charakteristische Formensprache entwickelt, die wir an Beispielen vorstellen wollen.
Vorab gehen wir noch kurz auf die Frage ein: wie kommt eigentlich eine Verfremdung zustande? Wir können dabei grundsätzlich zwei Wege unterscheiden: Einmal entstehen Texte im geplanten Gegenüber zu einer bestimmten Bibelstelle oder einem größeren Überlieferungszusammenhang. Als Beispiele aus diesem Band können wir die Gruppe 8,1–19 und viele andere notieren. Der andere Weg ist, daß im nachhinein zur biblischen Vorlage passende Texte und Bilder

gesucht werden, die die Quelle erweitern, vertiefen, ihr widersprechen usw. Hier wären als Beispiele die Texte 8.22; 8.34 und 8.35 und andere zu nennen. Kriterium ist in beiden Fällen nicht, ob eine Verfremdung das biblische Gegenstück textgetreu wiedergibt, sondern ob deren Stoßrichtung aufgenommen wurde; das kann im Einzelfall durchaus bedeuten, daß der neue Text der biblischen Quelle radikal widerspricht – dann nämlich, wenn deren Aussage durch Abnutzung so selbstverständlich geworden ist, daß sie uns nicht mehr als Botschaft erreicht. Als Beispiele notieren wir die Gegen-Texte und -Bilder 8.41 und 43.
Die allereinfachste Form der Verfremdung ist die *Textauswahl:* Sie läßt neu aufscheinen, was wichtig ist, rückt ins Dunkel, was weniger einleuchtet oder bedrängt. Eine Durchsicht der veröffentlichten verfremdenden Texte und Bilder zur Bergpredigt gibt interessante Aufschlüsse über heute wichtige Schwerpunkte: Neben den „klassischen" Abschnitten der Seligpreisungen und des Vaterunsers boten sich vor allem an: Nachfolgesprüche (Mt 5,13–16); Weisungen zur Versöhnung und zum Verzicht auf Selbstgerechtigkeit (5,23 + 24; 38–48; 7,1–5); dann noch die Sprüche zum Sorgen (6,25–34). Alle Texte verbindet die Frage nach dem gelingenden Menschsein und Christsein in der Gemeinschaft. (Einige Texte aus der Bergpredigt wurden bereits in anderen Bänden von Biblische Texte verfremdet bearbeitet: Mt 5,3–12: Band 1, Nr. 1.2–1.4; 1.15; 1.16; Mt 6,1–4: Band 3, Nr. 3.11 und 12; Mt 6,11: Band 7, Nr. 7.10–7.13; Mt 6,25–30: Band 7, Nr. 7.18–7.22.

Welches sind nun aber die charakteristischen Merkmale der Verfremdungen?

Neue Sprachformen heben die übergroße Vertrautheit auf

Zunächst einmal geht es in den Verfremdungen darum, die eingespielten Wahrnehmungsgewohnheiten des heutigen Lesers oder Hörers zu stören, dafür zu sorgen, daß das allzu Bekannte in neuem Licht erscheint. Dabei stützen sie sich auf die Verfremdungstheorie von Bertolt Brecht, die dieser im Blick auf die Erneuerung des Theaters entwickelte („V-Effekt"). Brecht beschreibt den geplanten Vorgang so: „Der V-Effekt besteht darin, daß das Ding, . . . auf welches das Augenmerk gerichtet werden soll, aus einem gewöhnli-

chen, bekannten ... Ding zu einem besonderen, auffälligen, unerwarteten Ding gemacht wird" (Schriften zum Theater, Werkausgabe Bd. 15, Frankfurt 1967, S. 355).
Wie kann diese Wirkung erzielt werden?
Vor allem durch Aufbrechen der bisherigen Sprachformen. Wenn beispielsweise längere Bibeltexte auf wenige Zeilen verdichtet werden, ist die Aufmerksamkeit des Lesers schnell geweckt. Als Beispiel greifen wir den kurzen Text von Kurt Marti zu den Nachfolgesprüchen heraus (8.20): Im Medium des Sprachspiels bringt er in äußerster Verdichtung Zusage und Auftrag Jesu neu zu Wort und verknüpft sie gleichzeitig mit dem Herrenwort aus dem Johannesevangelium: „Ich bin das Licht der Welt" (Joh 8,12).
Oder die Bildrede von den Spatzen als Symbol vertrauensvollen Lebens entfaltet sich in einer Erzählung aus der Sicht des Vogels (8.49), die die Leichtigkeit des Vertrauens, die Lust zu zweckfreiem Leben bewußtmacht. Wie wenig eine solche Einstellung in die gewohnten Lebenszusammenhänge paßt, setzt die Karikatur von Bosc grell ins Licht (8.48). Überhaupt eröffnet die *bildende Kunst* besonders interessante, neue Zugänge zur biblischen Überlieferung ... wenn man sie ernst nimmt und ihre eigene Sprache respektiert. Eine ernstzunehmende künstlerische Auseinandersetzung mit einem religiösen Inhalt will ja nicht ein vorgegebenes Thema veranschaulichen oder illustrieren, sondern sucht die eigene Perspektive. So bringt beispielsweise Azariah Mbatha mit den traditionellen Stilmitteln der afrikanischen Kunst (strenge Geschlossenheit, Rhythmisierung) die Dynamik des neuen Lebens mitreißend zur Geltung (8.4). Mit ganz anderen Mitteln setzt Ernst Barlach eine ähnliche Grunderfahrung ins Bild: die ungezwungene Leichtigkeit eines Lebens, das sich nicht niederdrücken läßt (8.53). Auch hier benutzt der Künstler eine strenge Formensprache, um Bewegung und Freude auszudrükken. – Das Bild von Georges Rouault aus seinem Zyklus „Miserere" (8.57) entlarvt mit seiner eindringlich verdichteten Linienführung die unerschütterlich verurteilende Selbstgerechtigkeit des einen und die demütige Verletzbarkeit des anderen Menschen. – So bieten Kunstwerke im Zusammenklang mit biblischen Texten ganz überraschend neue Ansichten, die das Verstehen vertiefen.

Neue Perspektiven heben die Gewöhnung auf

Traditionellerweise nehmen wir die biblischen Texte in fest bestimmten Räumen und Zeiten wahr; ihr Ort ist die biblische Geschichte des Alten und Neuen Testaments – weit entfernt von unserer Lebenswelt. – Die meisten Verfremdungen strengen sich an, diese Vertrautheit aufzuheben und gleichzeitig den Abstand zu verringern, z. B. durch eine entsprechende Veränderung der Raum- oder Zeitperspektive. In unsere Gegenwart verlegen eigentlich alle das Geschehen; deutlich zeigt sich die Verfremdung bei Texten und Bildern aus der Dritten Welt (8.4; 8.7 bis 8.9; 8.25; 8.44 und 45). Besonders verblüffende neue Sichtweisen ergeben sich immer dann, wenn die Perspektive im personalen Bereich wechselt: Die Adressaten sind dann nicht die Jünger oder die Gemeinde, sondern beispielsweise die „linken Freunde“ (8.42); oder der Beter ist nicht, wie gewohnt, der Gottesdienstbesucher, sondern einer, der für Gerechtigkeit demonstriert (8.47). Oder die Bergpredigt wird aus der Sicht eines Geheimpolizisten wahrgenommen (8.60) – eine Perspektive, die die revolutionäre Dynamik der Rede Jesu neu ins Bewußtsein bringt.

Provokationen brechen erstarrte Wahrnehmungsmuster auf

Nicht selten tragen verfremdende Texte und Bilder ihre Sache so pointiert vor, daß sie als Provokation empfunden werden, als Angriff auf die eigenen Gefühle, auf die Autorität der Schrift oder sogar auf die Ehre Gottes: Darf man denn einfach die Seligpreisungen ins Gegenteil verkehren (8.3)? Ziehen nicht das „Kapital-Unser“ und die satirische Zeichnung von George Grosz das Gebet Jesu herunter (8.41 und 8.43)? Sehen wir uns einmal einen solchen provokanten Text an. Heinz Zahrnt stellt die Worte Jesu auf den Kopf: „Verraten sind die Armen . . .“ (8.3). Aber – geht es nicht genauso in unserer Welt zu? Und eben dies ist die Absicht des Autors: Indem er das Bibelwort verkehrt, entlarvt er, wie verkehrt wir selbst leben. Er benutzt zusätzlich das Stilmittel der Redensart, um zu zeigen: Das gilt bei uns als „normal“, so denken eigentlich alle. Eine ganz ähnliche Technik der Verfremdung verwenden übrigens auch die Texte 8.11; 8.16; 8.23 und andere. Jetzt wird klar: Zielscheibe des Angriffs ist nicht der Bibeltext, sondern die Art, wie er vielfach

gebraucht – und damit mißbraucht – wird: als erbauliche Rede, die von der Wirklichkeit unseres Alltags ganz unberührt bleibt; denn diese richtet sich nach ganz anderen Gesetzen! So konfrontiert uns das „Kapital-Unser“ hart mit der Frage, was oder wen wir tatsächlich anbeten – Gott oder das Kapital (biblisch: Mammon!)? Oder Grosz entlarvt, daß das Gebet des Friedens-Messias oft genug mißbraucht wird, um Verhaltensweisen, die mit seiner Botschaft nichts mehr zu tun haben, die höhere Weihe zu verleihen.
Diese Texte und Bilder wollen aus erstarrten Gewohnheiten zu einer neuen Begegnung mit dem biblischen Christus und mit uns selbst herauslocken – nichts anderes heißt ja pro-vozieren! Wo unsere Sichtweisen und Handlungsmuster verhärtet sind, schlägt eine Verfremdung auch einmal provozierend drein, um neues Leben anzuregen. Das sollten wir bedenken, wenn wir uns provoziert fühlen.

Verstärkter Realitätsbezug belebt die biblische Botschaft

Ein wichtiger Grund für die Unwirksamkeit der biblischen Überlieferung in unserer Zeit ist ihr Wirklichkeitsverlust. Viele Verfremdungen versuchen darum, die tradierten „Lese-Worte“ wieder zu „Lebens-Worten“ zu machen. So verschwimmen beispielsweise die Seligpreisungen ins Unverbindliche, wenn ihre Zusagen nur als Hoffnungen auf ein zukünftiges neues Leben am Ende der Zeit aufgefaßt werden. Viele Verfremdungen bringen zur Sprache, daß die Zusagen schon jetzt Wirklichkeit werden wollen: Wer seine Fähigkeiten in den Dienst der Friedensarbeit stellt, erfährt schon jetzt und hier, daß der Erfolg nicht ausbleibt (vgl. 8.2); wer es riskiert, den Linien des neuen Lebens nachzugehen, wird eines Tages zu seiner Verblüffung erfahren: „Da wiederholt es sich ja, was damals bei Jesus passierte“ (8.6). Der Beter, der von der Unverbindlichkeit zum konkreten Tun findet, sagt am Ende: „Ich glaube, daß ist das schwierigste Vaterunser, das ich je betete. Aber es hat zum erstenmal etwas mit meinem alltäglichen Leben zu tun (8.39).

Die Verfremdungen motivieren uns, „Täter des Wortes“ zu werden

Mehr Wirklichkeitsbezug drängt den Leser des biblischen Wortes aus der Zuschauerhaltung hinaus und aktiviert ihn, „Täter des Wortes“ zu werden – wie es der Jakobusbrief einmal formuliert.

Denn natürlich stellt sich das Neue Leben nicht von selbst ein – wiewohl es Geschenk ist, sondern will gelebt sein. Besonders deutlich sprechen dies Texte aus, die die Mitverantwortung der Christen für das Neue Leben in der gesellschaftlichen Dimension betonen, z. B. 8.5; 8.42. Kurt Marti spricht es in seiner Vaterunser-Verfremdung so aus: „In Liebe . . . geschehe dein Wille durch uns".

Wir sind am Ende unseres Rundgangs durch die Verfremdungen dieses Bandes. Die Texte und Bilder haben ihr Ziel getroffen, wenn sie uns aus lähmender Gewohnheit gelöst und aus enger Gesetzlichkeit befreit haben. Vielleicht „entsetzen" wir uns sogar wieder über die Worte Jesu, so wie es der Evangelist von den ersten Zuhörern berichtet . . . aber das wäre ja der erste Schritt auf dem Weg zu einer „Umkehr zum Leben".

3 *Selig sind die geistlich Armen; denn ihrer ist das Reich der Himmel.*
4 *Selig sind die Trauernden; denn sie werden getröstet werden.*
5 *Selig sind die Sanftmütigen; denn sie werden das Land besitzen.*
6 *Selig sind, die hungern und dürsten nach der Gerechtigkeit; denn sie werden gesättigt werden.*
7 *Selig sind die Barmherzigen; denn sie werden Barmherzigkeit erlangen.*
8 *Selig sind, die reinen Herzens sind; denn sie werden Gott schauen.*
9 *Selig sind die Friedfertigen; denn sie werden Söhne Gottes heißen.*
10 *Selig sind, die um der Gerechtigkeit willen verfolgt werden; denn ihrer ist das Reich der Himmel.*
11 *Selig seid ihr, wenn sie euch schmähen und verfolgen und alles Arge wider euch reden um meinetwillen und damit lügen.*
12 *Freuet euch und frohlocket, weil euer Lohn groß ist in den Himmeln. Denn ebenso haben sie die Propheten verfolgt, die vor euch gewesen sind.*

Matthäus 5,3–12

8.1 Schwierigkeiten beim Jubeln

„Selig sind . . .“
Die Bibel ist ein heiliges Buch, so alt, so ehrwürdig, daß die meisten Menschen sie heute kaum mehr in die Hand nehmen. Darum ist es nötig, wie jedermann einsehen wird, die überlieferten Worte so in die Sprache der heutigen Zeit zu übertragen, daß auch der sogenannte moderne Mensch sie versteht und sich davon angesprochen fühlt. Mit dieser Aufgabe einer gründlichen Übersetzung aus dem Griechischen einer längst vergangenen Zeit in die heutige Art zu sprechen kann sich unsereiner freilich nicht befassen. Da müssen schon wirkliche Experten her. Und auch die können das nicht einfach aus dem gelehrten Ärmel schütteln. Wenn eine so schwierige Sache gelingen soll, müssen sie schon gemeinsam zu Werke gehen und sich miteinander die Köpfe zerbrechen.
Doch keine Angst, liebe Leser, sie tun es. Gerade haben sie sich wieder versammelt zu einer Sitzung: die Fachleute der Bibelkunde, der angrenzenden Wissenschaften, die Spezialisten älterer Geschichte und die Experten der Sprache, der verbalen Kommunikation. Nach einem anregenden Vortrag eines Kollegen über „Die Verwendung des Wortes Prototokos bei den Pseudoepigraphen“ und dem Mittagessen sind sie nun dabei, die Bibel zu übertragen. Ganz vorne, wie es sich gehört, haben sie angefangen. Bei Mattäus, was man neuerdings auf Rat der Experten ohne „h“ schreibt. Und nun stehen sie am Anfang des 5. Kapitels, welches, wie man weiß, die Bergpredigt Jesu enthält. Genauer gesagt, stehen sie bei Vers 3: „Selig die Armen im Geiste, denn ihrer ist das Himmelreich!“ Ehrlich gesagt, sind sie noch gar nicht über das erste Wort hinausgekommen, jenes griechische Wort „Makarioi“, das man gemeinhin mit „Selig“ zu übersetzen pflegte. Die alten Griechen bezeichneten mit diesem poetischen Wort das allen irdischen Sorgen enthobene Glück der Götter. Nie wird es den Menschen hienieden zuteil, allenfalls den Seligen im

Totenreich. Erst in späteren Zeiten gebraucht man es auch für Lebende, die man preisen und rühmen will. In seinem Evangelium gibt Mattäus damit wieder, was Jesus im Aramäisch seiner Zeit bei der Bergpredigt ausgerufen hat: das Programm des christlichen Glückes im Anbruch des Königreiches Gottes.

Welches deutsche Wort aber soll man dafür nehmen? „Selig?" Das sei nun wirklich überholt, befinden einige, das sage heute keiner mehr, das sei eindeutig zu fromm. „Glücklich?" Das wiederum finden andere zu irdisch. Das erinnere an Schlager, wenden ein paar ein. „Freuen dürfen sich" oder „freuen sollen sich", wie vorgeschlagen wird, erscheint den meisten zu schwach. Die Formulierung „Gott liebt die, welche . . ." spiegele nur indirekt das Wohl des Menschen. Vielleicht „Wohl denen"? Einige sind dafür, andere dagegen.

Eine Lösung ist nicht in Sicht, obwohl inzwischen dichte Rauchschwaden die gelehrten Köpfe umhüllen wie einstens den Sinai, als Gott sein Machtwort sprach. Da findet endlich ein Vorschlag einhellige Zustimmung: der, eine Kaffeepause einzulegen. Eine gute Idee, und dabei geschieht, wie so oft, nun auch in unserem Falle etwas, was die Beratungen entscheidend vorantreibt. Aber hübsch der Reihe nach. Zunächst lockert sich die Stimmung. Man erzählt, man lehnt sich zurück, man lacht wieder. Dann bemerkt einer, daß im Restaurant am Nebentisch zufällig die drei Kinder des Hausmeisters „Mensch, ärgere dich nicht" spielen. Da kommt einer der bedeutenden Schriftgelehrten auf die Idee, den dreien ein Eis zu spendieren, was die Kinder natürlich überaus entzückt. Und was wieder einmal beweist, daß Gelehrte zuweilen durchaus gute Einfälle haben. So schaut denn bald die gesamte Kommission zu den Kindern hinüber, die mit glänzenden Augen an ihrem Eis löffeln.

Und da geschieht es also, daß einer der Experten der Bibel und der Sprache sozusagen an der Basis rückfragt, indem er sie anspricht, die Kleinen, die ihr Eis lecken: „Ihr Lieben", sagt er zutraulich, „man sieht, daß ihr euch freut. Wie sagt ihr da

jetzt?" – „Danke schön!" antwortet das Älteste pflichtschuldig. Aber der gelehrte Mann forscht weiter: „Ich meine, wie fühlt ihr euch jetzt? Beschreibt das doch mal! Sagt ihr jetzt ‚wohl uns!‘, oder sagt ihr ‚selig sind wir!‘ Oder wie würdet ihr das sonst ausdrücken?"
Die Kleinen schauen sich erst einmal an und wissen nicht so recht, was der Onkel nun von ihnen hören will. Da sagt das zweite, ein Mädchen: „Also, ich fühl' mich Klasse!" – „Echt super!" nickt das Kleinste. Und der Älteste leckt noch einmal genüßlich an seinem Eis und bestätigt: „Irre gut!"
So hörten denn die Fachleute der Bibel und der verbalen Kommunikation die Sprache des Volkes. Aber sie konnten sich dann nachher doch nicht entschließen, den vernommenen Anregungen zu folgen. Und so entschieden sie sich schließlich zu einem Kompromiß: die Befürworter des Ausdrucks „selig" und die Partei, die das Wort „glücklich" favorisiert hatte, einigten sich auf „glückselig".
Aber sooft sie später auch dieses Wort lasen und in Vorträgen über die „Makarismen der Bergpredigt" sprachen – sie hatten dabei stets drei strahlende Kindergesichter und drei Eisbecher vor Augen. Und darum wird man, so scheint mir, das Wort „glückselig" im Sinne der Übersetzer-Kommission erst dann richtig ermessen können, wenn man dabei ein bißchen an Kinder denkt, die Eis essen und sich dabei „echt super", „Klasse" oder „irre gut" fühlen.

Lothar Zenetti

8.2

Selig sind die Ärmsten der Armen,
die religiös und sozial Deklassierten,
denn Gott durchbricht die Teufelskreise,
in denen sie gefangen sind.

Selig sind, die unter dem Leid schier zusammenbrechen,
denn Gott wird ihnen das Leben neu eröffnen.

Selig sind, die auf Gewalt verzichten,
denn durch ihr Vertrauen auf Gott wird die Erde
zur Heimat des Menschen werden.

Selig sind, die da hungern und dürsten nach Gerechtigkeit,
auch wenn sie selbst satt sind,
denn sie werden auch andere satt machen.

Selig sind, die Barmherzigkeit nicht
zur Methode sanfter Erpressung machen,
denn sie werden das Mißtrauen Bedürftiger überwinden.

Selig sind, die Gott nicht schauen und doch glauben,
denn sie sind aufrichtig und reinen Herzens.

Selig sind, die ihr Wissen und Können
in den Dienst des Friedens stellen
und zur Lösung von Konflikten beitragen,
denn durch sie werden Vertrauen
und Verständigungsbereitschaft wachsen.

Manfred Fischer

8.3

Verraten sind die Armen,
denn sie haben nichts einzubringen.

Verraten sind die Leidtragenden,
denn sie sind ausgeschlossen aus der Gesellschaft.

Verraten sind die Sanftmütigen,
denn sie werden an die Wand gedrückt werden.

Verraten sind, die hungern
und dürsten nach der Gerechtigkeit,
denn Macht geht vor Recht
und Geld regiert die Welt.

Verraten sind die Barmherzigen,
denn Undank ist der Welt Lohn.

Verraten sind, die reinen Herzens sind,
denn sie werden übers Ohr gehauen.

Verraten sind die Friedfertigen,
denn sie werden zwischen die Fronten geraten.

Verraten sind,
die um der Gerechtigkeit willen
verfolgt werden,
denn am Ende ist doch alles umsonst.

Heinz Zahrnt

8.4

Azaria Mbatha: Die Bergpredigt (1962)

8.5

Er sagte:
Glückselig nenne ich, die arm sind. Sie sollen in Gottes Reich leben. Er sagte auch: Glückselig nenne ich die Trauernden. Sie sollen getröstet werden.

Und wir vermuten,
daß dies nicht nur dich und mich betrifft, sondern unsere Gesellschaft insgesamt und ihre Ordnungen. Daß es also heißen soll: Wer bedürftig ist, wer Mangel leidet, wem etwas fehlt, wer damit an der Veränderung der Welt interessiert ist, an der Veränderung auf das Reich hin, das kommen soll, wer trauert über die derzeitige Aufteilung von Grund und Boden, von Bildung und Wissen, wer bekümmert ist über die Unterdrückung, Entrechtung und Ausbeutung von zwei Dritteln aller Menschen – dem gilt die Verheißung.

Er sagte:
Glückselig nenne ich die Sanftmütigen; sie sollen das Land besitzen. Er sagte auch: Glückselig nenne ich die Barmherzigen; denn Gott wird ihnen barmherzig sein.

Und wir vermuten,
daß dies nicht nur dich und mich betrifft, sondern unsere Gesellschaft insgesamt und ihre Ordnungen. Daß es also heißen soll: Eine Gruppe, ein Volk, das ohne Aggressionen und Freund-Feind-Denken unter seinen Nachbarn lebt, sich nicht aufreizen lassend und nicht darauf erpicht, unter allen Umständen das zu bekommen, was es für sein Recht hält (beispielsweise an der Grenze von Oder und Neiße!) – wer im Gegenteil das Recht übersteigt, das juristische Mein und Dein beiseite läßt – dem gilt die Verheißung.

Er sagte:
Glückselig nenne ich, die nach Gerechtigkeit hungern und

dürsten; denn Gott wird sie satt machen. Er sagte auch: Glückselig nenne ich, die Verfolgung leiden um der Gerechtigkeit willen; denn ihr Lohn wird groß sein.

Und wir vermuten,
daß dies nicht nur dich und mich betrifft, sondern unsere Gesellschaft insgesamt und ihre Ordnungen. Daß es also heißen soll: Wer danach trachtet, Gerechtigkeit zu schaffen, an einer immerwährenden Verbesserung der Gesetzgebung und des Strafvollzuges mitzuwirken, an einer gerechteren Verteilung des Eigentums, an einer partnerschaftlichen Ordnung zwischen Männern und Frauen, Erwachsenen und Kindern, Lehrern und Schülern, Hochschulen und Studenten, Arbeitgebern und Arbeitern – und wer um eines solchen Trachtens nach Gerechtigkeit willen diffamiert wird, Schaden leidet an seinem Ruf, an seinem Vermögen, an seiner Freiheit – dem gilt die Verheißung.

Er sagte:
Glückselig nenne ich, die reinen Herzens sind; denn sie werden Gott schauen.

Und wir vermuten,
daß dies nicht nur dich und mich betrifft, sondern unsere Gesellschaft insgesamt und ihre Ordnungen. Daß es also heißen soll: Gesellschaftliche Gruppen und auch ganze Völker, die ihr Denken und Wollen von nationalen Machtinteressen, von Geltungs- und Besitzstreben so weit gereinigt haben, daß sie am meisten danach verlangen, in Zusammenarbeit mit anderen eine Weltgesellschaft aufbauen zu helfen (die Quäker beispielsweise oder die kleinen neutralen Länder in Europa) – denen gilt die Verheißung.

Er sagte:
Glückselig nenne ich, die Frieden stiften, denn sie sind Kinder Gottes.

Und wir vermuten,
daß dies nicht nur dich und mich betrifft, sondern unsere Gesellschaft insgesamt und ihre Ordnungen. Daß es also heißen soll: Wer darauf aus ist, Frieden nicht nur zu halten, sondern auch herzustellen, und Entzweite zu versöhnen – wer also keine Waffen an Entwicklungsländer lieferte; wer all seine Phantasie und seine politische Klugheit aufbrächte, um nach Wegen zu suchen, wie der Nahost-Konflikt beigelegt werden könnte, ohne dabei seine eigenen Interessen ins Spiel zu bringen; wer mit großzügig dotierter Friedensforschung Möglichkeiten aufwiese, die Rüstungen zu beschränken und statt dessen Lateinamerika zu sanieren . . .

Politisches Nachtgebet

8.6 Wo das mal passiert

daß sich die Starken davonstehlen müssen,
daß den Sicheren, denen man niemals was nachsagen kann,
daß den niemals Zweifelnden einmal die Rechnung nicht aufgeht,
daß den strahlenden Helden das Lachen im Hals stecken bleibt,
daß sich der Große geirrt hat, der Vater dem Kind sagt: Vergib!,
daß auch die Frau das Recht hat, nein zu sagen und stärker zu sein,
daß, der wochenlang stirbt, endlich sterben darf,
daß Liebe sein darf, auch wenn sie kein Kind will,
daß wieder Liebe geschieht, wo Untreue war,
daß der Rentner mal mehr hat, als ihm von Rechts wegen zusteht,

daß einer drauf pfeift, wieviel Leistung er einmal „erbracht“
hat,
daß einer gelegentlich faulenzt und seine Pflicht nicht erfüllt,
daß einer zum Umfallen schuftet, aber nicht, weil er muß,
daß ein Lehrer den Schüler gegen die Regel durchkommen
läßt,
daß der Sitzengebliebene fröhlich nach Haus geht,
daß einer sagt, was er denkt, und man schmeißt ihn nicht
raus
und sperrt ihn nicht ein,
daß einer was Neues erkennt und das Neue auch macht,
daß einer mal gegen was anstinkt, obwohl's keinen Zweck
hat,
daß einer was einsetzt und auch mal Verlust machen will,
daß einer dem andern mal kräftig den Lack abkratzt,
daß hier und da mal was umverteilt wird an Gewicht und
Besitz,
daß Weiße sagen müssen: Der Schwarze hat recht,
daß man mal erntet, wo man nicht säte,
daß Geld sich mal in andern Beuteln vermehrt,
daß es mal anders zugeht und diese Welt bißchen Kopf
steht,
daß Hoffnung nicht grün ist, sondern mal rot,
daß der Alltag nicht grau ist, im Schnee blühn die Rosen,
unglaublich wär's, aber warum nicht probieren –
und merken: Da wiederholt es sich ja,
was damals bei Jesus passierte.

Horst Nitschke

8.7 Wehe euch

Verflucht seien die Satten
die weder Hunger haben noch Durst nach Gerechtigkeit
die das Brot der Hungernden essen, Tag für Tag
wie der Ochs, der in das Maisfeld des Tagelöhners einfällt.
Sie sollen zu Hungerstreik verurteilt werden.

Verflucht seien die Richter
die das Gesetz übergehen für einen Judaslohn
dieses Gesetz, das so schwach ist
als wäre es die Tochter einer armen Dirne
ausgesetzt im Justizpalast.
Sie sollen als Gesetzlose verurteilt werden
in letzter Instanz
entthront mit einem sicheren Streich.

Verflucht seien die Landerschleicher
die den Sanftmütigen Grund und Boden rauben.
Man wird sie erschießen lassen
durch ihre eigenen Kopfgeldjäger;
ein einziger Schuß wird sie
in das reinigende Feuer des Vergessens stoßen.
Die Aasgeier erwarten sie schon
an dem ihnen zugemessenen Grab.

Verflucht seien die Reichen
die von fremden Gütern leben.
Ihre Villen werden zu Hütten zerfallen
ihre Gärten zu Wüsten;
ihr Ausruhn wird qualvoll sein
durch endlose Alpträume.

Verflucht seien die Lügner
und ihre Erklärungen an der Wertpapierbörse.

Im Feuerofen der Wahrheit
werden sie ihre Strafe erleiden;
der Wind wird ihre Asche zum Meer verwehen.
Wehe euch
die ihr zuwartet, uneins und mit verschränkten Armen;
die ihr erwartet das Brot vom Arbeitgeber
der euch ausbeutet;
die ihr die Gerechtigkeit erwartet von bestellten Gerichtshöfen;
die ihr erwartet das Überleben als Gnade von Feindeshand
das Glück als Schicksalswurf
und das Leben erst nach dem Tode.

Paulo Suess

8.8 Seligpreisungen

Selig,
die Verständnis zeigen
für meinen stolpernden Fuß und
meine lahme Hand.

Selig,
die begreifen, daß mein Ohr sich
anstrengen muß, um alles aufzunehmen, was man zu mir spricht.

Selig,
die zu wissen scheinen,
daß meine Augen trüb und meine
Gedanken träge sind.

Selig,
die mit freundlichem Lachen ver-

weilen, um ein wenig mit mir zu
plaudern.

Selig,
die niemals sagen:
„Das haben Sie mir heute schon
zweimal erzählt.“

Selig,
die es verstehen,
Erinnerungen an frühere Zeiten in
mir wachzurufen.

Selig,
die mich erfahren lassen,
daß ich geliebt, geachtet und nicht
allein gelassen bin.

Selig,
die in ihrer Güte die Tage,
die mir noch bleiben, erleichtern.

Aus Afrika

8.9 Seligpreisung des Subversiven

Selig ist, der keine Maschinenpistole aufnimmt,
um seinen Bruder zu töten.
Selig ist, der dem Druck von außen nicht nachgibt
und die Wahrheit bezeugt.

Selig ist, der nicht verschweigt,
wenn er Ungerechtigkeit sieht,
auch wenn er deswegen von vielen verurteilt wird.
Selig ist, der mit Taten die Wahrheit unterschreibt,
die er vertritt.

Selig ist, der seine Stimme den Verstummten gibt,
seine Intelligenz in den Dienst der Unwissenden stellt,
dessen ermutigendes Wort den Verzweifelten aufrichtet
und der den Ausbeuter anprangert.

Selig ist, der als subversiv angesehen
und um der Brüder willen verurteilt wird.
Selig ist, wahrhaftig,
weil der Gott der Subversiven seine Stärke sein wird
und er der Gewalt aller Feinde widerstehen kann.

Aus Brasilien

8.10

Glücklich seid ihr,
die ihr die Gewalt verachtet.
Eure Gedanken und Argumente sind bessere Waffen
als Panzer und Bomben.
Ihr werdet überleben.

Glücklich seid ihr,
wenn ihr euch selbst nicht
so wichtig nehmt.
Euch liebt Gott.

Glücklich seid ihr,
wenn ihr eure Liebe verschenkt, ohne
eine Gegenrechnung aufzustellen.
Eure Liebe ist echt.

Glücklich seid ihr,
die ihr die halben Entscheidungen
hinter euch laßt und ganze Schritte geht.
Euch wird die Zukunft gehören.

Glücklich seid ihr,
die ihr den Mut habt,
eure eigene Meinung zu sagen und für sie einsteht.
Ihr fangt an, frei zu leben.

Glücklich seid ihr,
die ihr die Minderheiten achtet
und ihnen Raum zum Leben gebt.

Glücklich seid ihr,
wenn eure Freude so groß ist,
daß sie Traurige tröstet.

Glücklich seid ihr,
die ihr um Gottes Willen
ausgelacht werdet
und die man links liegen läßt.
Ihr gehört zu Gott.

Glücklich seid ihr,
die ihr die Gewalt verachtet.
Eure Gedanken und Argumente sind
bessere Waffen als Panzer und Bomben.
Ihr werdet überleben.

Glücklich seid ihr,
wenn ihr keine Angst habt, euch in
Mitleidenschaft ziehen zu lassen,
in das Leid des Nächsten,
in die Not des Bruders.

Uwe Seidel

8.11

Endlich einer, der sagt:
Selig die Armen!
und nicht:
Wer Geld hat, ist glücklich!
Endlich einer, der sagt:
Liebe deine Feinde!
und nicht:
Nieder mit den Konkurrenten!
Endlich einer, der sagt:
Selig, wenn man euch verfolgt!
und nicht:
Paßt euch jeder Lage an!
Endlich einer, der sagt:
Wer an mich glaubt, wird leben
in Ewigkeit!
und nicht:
Was tot ist, ist tot.

Martin Gutl

8.12 Seligpreisungen für Weise

Selig,
die über sich selbst lachen können;
sie werden nie aufhören,
sich zu amüsieren.
Selig,
die einen Maulwurfshügel von einem Berg unterscheiden können;
sie werden vielen Schwierigkeiten entgehen.
Selig,
die fähig sind, sich auszuruhen und zu schlafen,
ohne sich dafür zu entschuldigen;
sie sind auf dem Weg zur Weisheit.
Selig,
die sich darauf verstehen, zu schweigen und zuzuhören;
wieviel Neues werden sie erfahren.
Selig,
die intelligent genug sind,
sich selbst nicht zu ernst zu nehmen;
ihre Umgebung wird sie zu schätzen wissen.
Selig,
die acht darauf haben, was andere brauchen,
und sich dabei nicht für unentbehrlich halten;
sie werden Leute sein, die Freude säen.
Selig seid ihr,
wenn ihr versteht,
die kleinen Dinge des Lebens mit Ernst
und die ernsten Dinge mit Gelassenheit zu sehen;
ihr werdet im Leben weit kommen.
Selig seid ihr,
wenn ihr ein Lächeln
und einen schiefen Blick vergessen könnt;
euer Weg wird voller Sonne sein.
Selig seid ihr,

wenn ihr fähig seid, die Haltung des anderen mit Wohlwollen zu deuten,
auch wenn der Augenschein dagegen spricht;
man wird euch für naiv halten,
aber die Nächstenliebe ist nicht billiger zu haben.
Selig,
die denken, bevor sie handeln
und beten, bevor sie denken;
sie vermeiden viele Dummheiten.
Selig,
wenn ihr versteht zu schweigen
und das Lächeln zu behalten,
selbst wenn man euch ins Wort fällt,
wenn man euch widerspricht,
wenn man euch mit Füßen tritt;
dann hat das Evangelium angefangen,
in euer Herz einzudringen.
Selig,
vor allem ihr, die ihr den Herrn zu erkennen
wißt in allen, denen ihr begegnet;
dann habt ihr das wahrhaftige Licht und die wirkliche Weisheit.

Aus der Kirche der DDR

8.13

Herr!
Gib Brot denen,
die Hunger haben!

Herr!
Gib Hunger nach Gerechtigkeit denen,
die Brot haben!

Aus Chile

8.14 Fromme Wünsche

Anstatt ihn zu speisen,
ruft der Satte
dem Hungernden zu:
„Sieh mich an! Sei satt!"

Anstatt ihn zu schützen,
ruft der Gesicherte
dem Geängstigten zu:
„Keine Angst! Nur Mut!"

Wo dies geschieht, da
wünsche dem Satten Hunger
und dem Gesicherten Angst,
damit Not sie sehend mache
für Not, die ihr Nimbus
arrogant überstrahlt!

Theodor Weißenborn

8.15

Reich ist nicht der, der viel hat,
sondern der, der wenig braucht.

Und arm ist nicht, wer wenig hat,
sondern der, der viel begehrt.

Johannes Chrysosthomos

8.16

Ihr hört, daß gesagt wird:
Gelobt sei, was hart macht.
Gebt euch brutal.
Setzt euch rücksichtslos durch.

Ich aber sage euch:
Gelobt sei, was zart macht.
Die Sanften siegen.
Haltet einander unverletzt.

Wolfgang Dietrich

8.17

Sanftmut: die Stärke, in der ein Mensch den Teufel, der ihn reiten will, abwirft.

Sanftmut: die Weigerung wider die Verlockung, die zur Gewalttat reizt.

Sanftmut: die stetige Energie, sich auf die Wege des Nichtsanften nicht abdrängen zu lassen.

Sanftmut: die Unverdrossenheit, sich vom Gehabe des Schroff- und Scharfmuts nicht imponieren zu lassen.

Sanftmut: das Stirnbieten dem dröhnenden Aufmarsch der Nullen.

Sanftmut: die Souveränität gegenüber den Prämien des Übertrumpfens.

Sanftmut: die Unverführbarkeit zur brutalen Gewalt.

Wolfgang Dietrich

8.18

Otto Pankok: Die Bergpredigt

8.19 Fragen

Die Gesten Jesu,
sein Blick, seine Stimme.

Wie sagte er das,
sagte er's feierlich
oder wie nebenbei?
Hob er die Hand
oder beide,
einen Finger oder die Faust?
Sah er die Leute dabei an,
wenn er sprach,
oder über sie hinweg,
in die Ferne,
sah er zum Himmel?
Lächelte er,
wenn er sprach?
Dies und
vieles andere noch
müßte man wissen.

Lothar Zenetti

[13] Ihr seid das Salz der Erde. Wenn aber das Salz seine Schärfe verliert, womit soll es salzig gemacht werden? Es ist zu nichts mehr nütze, als daß es hinausgeworfen und von den Leuten zertreten wird.
[14] Ihr seid das Licht der Welt. Eine Stadt, die auf einem Berge liegt, kann nicht verborgen sein. [15] Man zündet auch nicht ein Licht an und stellt es unter den Scheffel, sondern auf den Leuchter; dann leuchtet es allen, die im Hause sind. [16] So soll euer Licht vor den Menschen leuchten, damit sie eure guten Werke sehen und euren Vater, der in den Himmeln ist, preisen.

Matthäus 5,13–16

8.20 das licht

der sagt ich bin
sagt uns ihr seid

der sagt ihr seid
sagt uns ich bin

das licht der welt

Kurt Marti

8.21

2. Ihr seid das Licht der Welt,
vielleicht nur ein Funke.
Aber der Funke fällt hell auf den Weg.

3. Ihr seid die Stadt auf dem Berge,
vielleicht nur ein Haus.
Aber das Haus lacht aus den Fenstern.

4. Ihr seid das Salz der Erde,
vielleicht nur eine Handvoll.
Aber das Salz bewahrt vor Fäulnis.

Text: Rudolf Otto Wiemer
Musik: Fritz Baltruweit
Musikrechte im Dagmar Kamenzky
Musikverlag, Hamburg

8.22

Ich möchte Leuchtturm sein
in Nacht und Wind –
für Dorsch und Stint,
für jedes Boot –
und ich bin doch selbst
ein Schiff in Not!

Wolfgang Borchert

8.23 Mißverständnis

Die Jünger Jesu sollen sein,
das steht geschrieben:

die Hefe im Teig
das Licht in der Welt
die Stadt auf dem Berge

Aber nicht:

die Axt im Walde
das Haar in der Suppe
die Made im Speck

Lothar Zenetti

8.24 Sand im Getriebe

seid unbequem, seid sand,
nicht öl im getriebe der welt.
– günter eich

sand in jedem getriebe
wo der mensch zur nummer wird
zum zahnrad
zum objekt
damit die maschinerie
weiter unmenschliches produzieren kann
von dem wir leben
und an dem wir sterben

sand
da wo ein system mit uns rechnet
da wo es uns einkalkuliert hat
weil wir aufgehört haben zu denken

sand
da wo vom allgemeinen volksempfinden
von der allgemeinen meinung
von dem „man denkt so"
geredet wird

sand sein
auch auf die gefahr hin,
zermahlen zu werden
– wie christus

Ulrich Schaffer

8.25

ERSTE ASSOZIATION

Wären die Christen
das Licht,
müßten sie
mehr bereit sein,
vieles zu teilen.

Ich habe Christen
kennengelernt,
die selbstverständlich
teilten,
als wären sie kein Licht.

Ich denke an

die vielen Christen
in den Industrieländern.
Würden sie
die Hühnerknochen
sammeln
und nach Asien
schicken,
wenn sie wüßten,
daß sich die Kinder dort
freuen
über Hühnerknochen,
die ihnen geschenkt werden.
um nicht zu verhungern?

Dom Helder Camara,
der nicht bereit war,
in's Bischofshaus zu ziehen,
weil er
den Ärmsten der Armen
nahe sein wollte.
Jenseits vom reichen Viertel
bewohnte er
ein einfaches Zimmer,
damit wir nicht vergessen:
Christus kommt auch heute
eher zu Fuß
als mit dem Flugzeug.

ZWEITE ASSOZIATION

Wären die Christen
das Licht,
müßten sie andere
besser verstehen können.

Ich habe
von Christen gehört,
die sich bemühten,
andere zu verstehen.

Ich denke an

ein fünfzehnjähriges
Mädchen,

das erste Mal,
als ich in Bethel war.

das mir erzählte,
sie könne nicht
an Christus
glauben.
Ich fragte,
warum.
Sie antwortete,
ihre Freundin sei
nach vielen Streitigkeiten
mit ihrem Vater
aus dem Haus gezogen.
Der Vater,
wie sie mir sagte,
sei ein frommer,
sehr frommer
Mensch.

Ich lernte Menschen kennen,
die bereit waren,
mit Behinderten
zu sprechen.
Da fielen mir
die Menschen ein,
die in meiner Heimat
am schmutzigen Straßenrand
bei Hitze und im Staub
sitzen und betteln.
Und jeder Mensch,
der vorbeiging
und einen Groschen gab,
dachte an den Lohn,
den er von Buddha emp-
fängt.

DRITTE ASSOZIATION

Wären die Christen
das Licht,
müßten sie
fröhlicher sein,
als sie es sind.

Ich bin erstaunt
über jene Christen,
die fröhlich sind
trotz allem,
was sie erleiden.

Ich denke an

die vielen Christen,
die in guten Häusern
wohnen,
mit schönem Garten
und Swimmingpool.
In der Küche
finden sich
wie selbstverständlich
eine Gefriertruhe,

einen Mann,
der seinem Freund schrieb:
„Deine Liebe, Bruder,
hat mir
große Freude gemacht.
Ich, ein alter Mann,
der für Jesus gefangen ist,
bitte dich für Onesimus,
der hier im Gefängnis

ein Geschirrspülautomat
und eingebaute Schränke.
Über Ostern machen sie
zwei Wochen Ferien
in Mallorca
und über Pfingsten
einen kurzen Urlaub
in Venedig.
Aber
in ihren Gesichtern
verbergen sich
tiefe Spuren
von Unzufriedenheit
und der Last
des Lebens.

mein Sohn geworden ist.
Früher
hattest du an ihm
nur einen Nichtsnutz,
aber jetzt
kann er dir
und mir nützlich sein.
Ich schicke ihn
zu dir zurück,
und ich schicke dir
mit ihm
mein eigenes Herz
und bin sicher,
daß du meine Bitte
erfüllst.“

VIERTE ASSOZIATION

Wären die Christen
das Licht,
müßten sie im Kampf
gegen Ungerechtigkeit
entschiedener sein.

Ich bin ermutigt
durch Christen,
die im Kampf
gegen Ungerechtigkeit
standhaft gewesen sind.

Ich denke an

die vielen Menschen,
die zu den Bahnhöfen
unter Zwang von Gewehren
abgeholt wurden.
Christen haben es gesehen,
davon gehört,
aber die meisten
haben den Mund
nicht aufgemacht.
In den engen Lagern

die wenigen Christen,
die das Drama
der Unmenschlichkeit
nicht aushalten konnten,
und das Unrecht,
das Menschen niederdrückt,
nicht erduldeten.
Sie taten ihren Mund auf,
redeten und redeten.
Da wurden sie

wohnten jene dann
wie Kaninchen zusammen,
warteten auf ihren Tod.
Reihe für Reihe
wurden sie aufgestellt.
Ein Schießbefehl
– und sie fielen
in die Massengräber.
Reihe für Reihe
wurden sie
in die Gaskammer geführt.
Ein Handgriff,
und sie waren tot.

mundtot gemacht.
Man nahm sie gefangen
und steckte sie
in den Kerker.
Aber ihre Worte
können wir
bis heute noch hören,
und ihre Taten
sind wie ein Licht,
das mich
auf den Weg bringt,
in dieser Welt
mutig zu sein.

FÜNFTE ASSOZIATION

Wären die Christen
das Licht,
könnten wir nicht zusehen,
wie die Schwarzen
diskriminiert werden.

Gelegentlich
kam mir zu Ohren: Ein
Christ hat gekämpft gegen
Rassendiskriminierung – und
wurde ausgewiesen.

Ich denke an

die Christen,
die stolz sind
auf ihre schöne Kirche.
Sie haben ein großes
Versammlungshaus
und lassen für sich
Schwarze
in ihren Fabriken schuften.
Aber in der Kirche
dürfen nur Gott
und die Weißen sein,
damit sie die Loblieder

die Christen,
die zu kurz kamen,
weil sie schwarz sind.
Sie lebten mit Weißen
und Schwarzen,
sie sprachen mit Weißen,
sie sprachen mit Schwarzen.
Sie nahmen Mahlzeit bei beiden.
Sie feierten mit beiden.
Aber dann hielten sie es
nicht mehr aus
und fingen an zu reden,

unüberhörbar
und laut singen können,
und alle Welt gewahr wird,
wie schön sie
Gott danken.

zu handeln.
Und sie wurden
ausgewiesen
aus dem Land,
das sich christlich nennt.

ABSCHLIESSENDE ASSOZIATION

Ich bin
wie ein Licht,
unruhig und flackernd.
Wenn der Wind kommt
– kann ich dann bestehen?
Ich bin
wie ein Stück Salz,
ungeschützt und klein
zwischen Steinen und Erde.
Wenn der Regen fällt
– wo werde ich
noch zu sehen sein?

Ich möchte sein
wie ein Licht,
das wärmen
und leuchten will –
wie selbstverständlich
und ohne Aufhebens.
Ich möchte sein
wie das Salz,
das Kraft schenkt
und würzt,
wirkungsvoll und stark,
ohne stolz zu werden.

Dê ˜văn Nguyêñ

8.26 Wie ein Stein der ins Wasser fällt

wir schlagen kreise
wenn wir handeln
wir schlagen kreise wenn wir nichts tun

was wir getan haben
können wir nicht ableugnen
was wir unterlassen haben wird sichtbar

meine freude breitet sich aus
wie die ringe um den stein im wasser
berührt menschen und verändert ihren tag

mein ärger schlägt einen kreis
und seine feinen wellen sind unsichtbare ketten
für meinen freund und mich

meine ruhe läßt dich aufatmen
mein hochmut läßt dich ersticken
meine demut gibt dir neue hoffnung
meine gleichgültigkeit läßt dich leiden
meine selbstdisziplin verändert dein leben
meine ungeduld raubt dir die ruhe
mein glaube hilft deinem glauben

wir formen die welt
wir tragen bei
es liegt an uns

Ulrich Schaffer

[23] *Wenn du nun deine Opfergabe zum Altar bringst und dort eingedenk wirst, daß dein Bruder etwas wider dich hat,* [24] *so laß deine Gabe dort vor dem Altar und geh zuerst hin und versöhne dich mit deinem Bruder, und dann komm und bring deine Gabe dar!*

Matthäus 5,23–24

8.27 Frage

Ich lese:

Wenn du weißt, daß dein Bruder
etwas gegen dich hat, dann laß deine Gabe
vor dem Altar, geh und versöhne dich zuerst,
dann komm und feiere deinen Gottesdienst.

Ich frage:

Warum hat man dann,
wenn das so gesagt ist,
getrennt und unversöhnt
das Opfer der Opfer gefeiert
jahrhundertelang, und tut es
getrennt und unversöhnt
noch heute an jedem Tag neu?

Lothar Zenetti

8.28 dem da oder der Friedensgruß

dem da
ganz vorne
dem da
mehr in der Mitte
dem da
ganz hinten

dem da
der mich auslacht
dem da
der mich verhöhnt
dem da
der mich verachtet

dem da
den ich nie verstanden habe
dem da
der mich nie verstehen wollte

dem da
den ich hasse
dem da
der mich mit Füßen tritt
dem da
den ich am liebsten unschädlich machen möchte

ja
genau dem da
soll ich die Hand geben und den Frieden wünschen

Manfred Langner

8.29 Vor dem Gebet

vor dem gebet
für gastarbeiter
zum betonmischer
guido merengo
gehen

sein brot und
deinen aufschnitt
mit ihm teilen
und das gespräch
über die sendung
gestern abend
cordialmente
d'all italia

und ihm sagen
daß deine kinder
bertram gisela bernd
seine kinder
beatrice angelo massimo
zum spielen einladen

und daß deine familie
seine familie
zum leben einlädt

dann erst beten
für gastarbeiter
oder wie immer wir
guido merengo
und andere mitmenschen
nennen

Josef Reding

8.30 Bergpredigt für ausländische Arbeitnehmer

Ihr habt gehört, daß die Alten euch sagten: „Du sollst Dich mit Gastarbeitern nicht abgeben; wer aber mit Gastarbeitern Kontakt aufnimmt, verfällt ebenso der Diskriminierung wie sie".
Ich aber sage euch: „Wer Gastarbeiter abschreibt, wie man ein wertloses Stück Möbel abschreibt, der kommt vor den Rat der Menschenrechte".
Wenn du also in den Gottesdienst kommst und merkst, daß du mit lauter Vorurteilen beladen bist, so gehe erst hin und überdenke deine Standpunkte. Überlege, daß alle Menschen Gottes Schöpfung sind und baue deine Vorurteile ab; denn wer kann über Menschen richten – als Gott?
Ihr habt gehört, daß zu den Alten gesagt ist: „Wie du mir – so ich dir".
Ich aber sage euch: „Vergeltet nicht Gleiches mit Gleichem, sondern begegnet der Ungerechtigkeit mit eurem Dienst".
Wenn euch einer um einen Wohnraum bittet und ihr habt zwei Zimmer, dann gebt eines ab.
Wenn euch einer in einer harten Diskussion fordert, dann weicht nicht aus, sondern stellt euch den unbequemen Problemen.
Wenn euch einer um euren Einsatz bittet, für den setzt euch ganz ein. Ihr habt gehört, daß den Alten geboten wurde: „Du sollst deinen Nächsten lieben wie dich selbst und deine Feinde sollst du hassen".
Ich aber sage euch: „Liebt die Menschen, die euch unbequem sind, die eine andere Sprache sprechen, die andere Gewohnheiten und einen anderen Glauben haben, und euch darum verunsichern.
Setzt euch ein für die, die euch unbequem sind.
Dann seid ihr Christen."

Aktionskreis „Gastarbeiter", Düsseldorf

*[38] Ihr habt gehört, daß gesagt ist: „Auge um Auge und Zahn
um Zahn". [39] Ich aber sage euch, daß ihr dem Bösen nicht
widerstehen sollt; sondern wer dich auf den rechten Backen
schlägt, dem biete auch den andern dar, [40] und dem, der
gegen dich den Richter anruft und dir den Rock nehmen will,
dem laß auch den Mantel, [41] und wer dich nötigt, eine Meile
weit zu gehen, mit dem gehe zwei! [42] Gib dem, der dich bittet,
und wende dich nicht von dem ab, der von dir borgen will!
[43] Ihr habt gehört, daß gesagt ist: „Du sollst deinen Nächsten
lieben" und deinen Feind hassen. [44] Ich aber sage euch:
Liebet eure Feinde und bittet für die, welche euch verfolgen,
[45] damit ihr Söhne eures Vaters in den Himmeln seid! Denn er
läßt seine Sonne aufgehen über Böse und Gute und läßt regnen
über Gerechte und Ungerechte. [46] Denn wenn ihr [nur] die
liebt, die euch lieben, was habt ihr für einen Lohn? Tun nicht
auch die Zöllner dasselbe? [47] Und wenn ihr nur eure Brüder
grüßt, was tut ihr Besonderes? Tun nicht auch die Heiden
dasselbe? [48] Ihr nun sollt vollkommen sein, wie euer himmli-
scher Vater vollkommen ist.*

Matthäus 5,38–48

8.31 D Bergpredigt heut

Wenn da oana
oane schmiert,
pack dei ganze Wuat,
schlag eahm so
in d Fotzn nei,
daß er s nimma tuat!

Hardy Scharf

8.32

Ihr habt gehört,
daß ein rechtschaffener Bürger
nach der Regel handelt:

Du sollst für deine Familie leben
und sie glücklich machen,
und andere Leute gehen dich nichts an.

Du sollst die Zuneigung
deiner Nachbarn gewinnen
und Fremde links liegen lassen.

Du sollst deinen Freunden beistehen
und deine Konkurrenten ausschalten.

Du sollst Gesinnungsgenossen bevorzugen
und Andersdenkende verurteilen.

Du sollst deiner Partei dienen
und deine politischen Gegner verfolgen,
wo immer du kannst.

Deine Feinde,
die dir zusetzen und dich einengen,
die dir Vorteile und Besitz streitig machen,
die deine Lebensart verneinen
und deine Denkweise verlachen,
bekämpfe bis aufs Blut.
Laß keine Gelegenheit aus,
sie herabzuwürdigen.
Zerstöre ihr Image
durch Gerüchte und Geschichten.

Ihr habt gehört, daß gesagt ist:
Du sollst deinen Nächsten lieben
und deinen Feind hassen.

Ich aber sage euch:
Liebt eure Feinde.
Mißtraut eurem Haß
und versetzt euch in die Lage derer,
die ihr am liebsten
in die Wüste jagen möchtet.
Überrascht eure Gegner
mit Entgegenkommen.

Schenkt ihnen eure Freundlichkeit,
entwaffnet sie durch ein Lächeln.
Verlaßt Vorurteile und Mißtrauen,
lernt einander endlich besser kennen.
Verrechnet nicht ständig
begangenes Unrecht,
sondern durchbrecht den Teufelskreis
von Untat, Vergeltung und Rache.
Tut ihr den ersten Schritt!
Macht euch das Interesse,
das Wohl eurer Feinde zu eigen
und wirkt auch dafür.

Segnet, die euch fluchen.
Tut wohl denen, die euch hassen.
Sprecht die an, die euch aus dem Wege gehen.
Vergebt denen, die euch übel wollen.

Findet gute Worte für die,
die euch betrügen und hintergehen.
Fühlt mit denen,
die gegen euch arbeiten und wühlen.
Betet für eure Verleumder,
auf daß ihr Kinder seid
eures Vaters im Himmel,
auf daß Gottes Liebe
durch euch wirksam wird.

Wenn ihr nur
eure Freunde und Parteigänger liebt,
was tut ihr Besonderes?
Wenn ihr nur zu denen haltet,
die eure Sprache sprechen,
eure Lieder singen,
eure Abzeichen tragen,
was ist das schon?

Wenn ihr nur zu denen freundlich seid,
die euch schmeicheln
und schöne Augen machen,
dann wird Liebe
zum schnöden Tauschgeschäft,
zum Spiel: Eine Hand wäscht die andere!

Wenn euer Aktionsradius,
eure Sympathien
nur bis zur Verwandtschaft reichen,
wenn euer Horizont
beim Hund und Gartenzaun endet,
dann ist das zum Verzweifeln wenig.

Wenn ihr nur für die zu haben seid,
die für euch stimmen
und eure Gruppe verstärken,
wenn ihr nur eure Überzeugung
und Eigenart anhimmelt
und Andersdenkende ausschließt,
dann seid ihr verblendet
in eurer Kleingruppenmoral,
dann seid ihr kleinkariert
und ziemlich gefährlich.

Denn wenn ihr nur liebt,
die euch lieben,
was tut ihr Besonderes?

Da ist überhaupt noch nichts bewegt,
noch nichts geschehen
für Frieden und Gerechtigkeit,
für eine freundlichere Menschenwelt.
Da ist der entscheidende Schritt
in meine Nachfolge
noch nicht getan.

Ihr sollt zielbewußt leben,
auf das Gottesreich ausgerichtet,
gleichwie euer Vater im Himmel
ein unvergleichliches Ziel hat:
einen neuen Himmel
und eine neue Erde,
in welchen Gerechtigkeit wohnt.

Manfred Fischer

8.33 ich habe gelernt

ich habe gelernt (in der kirche):
wer dich auf den rechten backen schlägt
dem biete auch den andern dar

ich habe gelernt (in nahkampfkursen):
ein tritt in die hoden des feindes
legt diesen am sichersten um

was gilt nun?

Kurt Marti

8.34 Über die Unmöglichkeit von Gewaltlosigkeit

Nein, wenn einer meine linke Wange schlägt
halt ich ihm nicht noch die rechte hin
und es hat mich immer wieder aufgeregt
wenn ich irgendwann erniedrigt worden bin.

Und ich seh nicht ein, daß ich meinen Feind noch lieben soll
wenn der seine Waffe auf mich richtet.
Und ich halte es durchaus für würdevoll
wenn ein Sklave seinen Peiniger vernichtet.

Mensch, solange wir die Welt mit unsern Feinden teilen
darf man nicht mit bloßen Händen stehn
daß die Wunden der Erfahrung uns nicht heilen
und nicht schlimmre Wunden uns entstehn.

Glaub doch nicht, daß Götter Unschuld je bewachten
deine Feinde werden so ihr Ziel erreichen
wenn sie heute andre Völker schlachten
Mensch, begreif doch endlich, das sind deinesgleichen.

Wenn du glaubst, Verzicht auf Kampf wär höhere Gerechtigkeit
und du trägst dies alles mit Geduld
sollst du wissen, an der schlimmsten Grausamkeit
trägst du selber ja die größte Schuld.

Bettina Wegner

8.35 Meine Meinung über die Gewaltlosigkeit

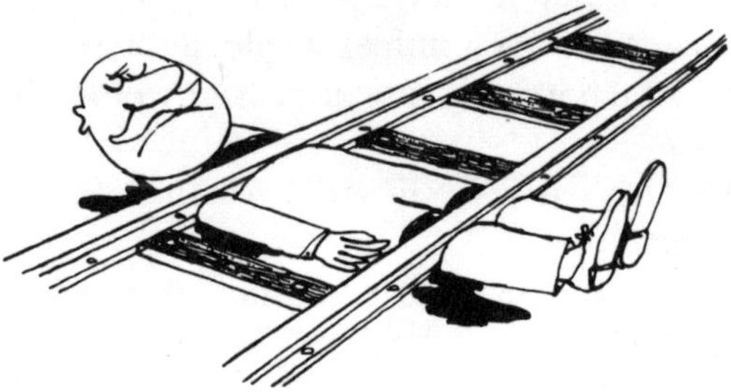

Mein Großvater, der gewaltlos war, schlief auf einer Eisenbahnlinie . . .

Mein Vater, ebenfalls gewaltlos, machte im Gefängnis einen langen Hungerstreik . . .

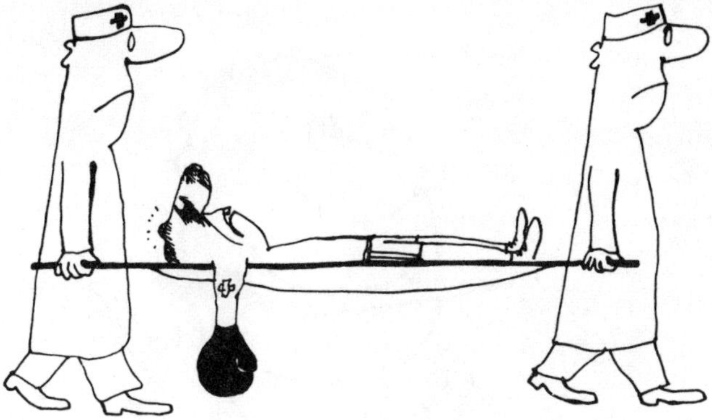

Die Gewaltlosigkeit meines Bruders, des Boxers, war berühmt . . .

Mein Vetter nahm an einer gewaltlosen Verschwörung teil . . .

. . . und jetzt ich!

Zeichnungen: Siné

8.36

Ihr hört,
daß gesagt wird:

Wenn dir einer
einen Zahn ausbricht,
brich ihm zwei aus.
Ein Schlag
verlangt
den stärkeren Gegenschlag.
Ihr kommt nur zum Ziel,
wenn ihr die Schraube anzieht.

Ich aber
sage euch:

Ändert die Ziele.
Schafft
statt der Vernichtungsmittel
Mittel zur Heilung.
Ersetzt
die Eskalation zum Tod
durch
eine Eskalation zum Leben.

Wolfgang Dietrich

8.37

jesus
knete den sauerteig
in meinem verstand
laß ihn aufgehen
phantastisch und närrisch

lehre mich die andern rechnungen
ich verschenke und
werde reich
ich halte nichts fest und
erhalte in fülle
weil ich schwach bin
weil ich die andere backe hinhalte
trifft mich keiner
weil ich ja sage
weil ich mitleide
weil ich mich mitfreue
gewinne ich das leben

jesus
knete den sauerteig
in die ängstlichen rechner
knete uns
in die neidischen sparer
lasse uns aufgehen
phantastisch und närrisch
unvorsichtig lasse uns
sehen
weit vor uns

Ernst Eggimann

8.38 Postscriptum

Was ich noch sagen wollte
Wenn ich Dir
einen Tip geben darf
Ich meine
Ich bitte Dich
um alles in der Welt
und wider besseres Wissen:

Halte Dich nicht schadlos
Zieh den kürzeren
Laß Dir etwas
entgehn

Eva Zeller

9 Ihr nun sollt so beten:
Unser Vater,
der du bist in den Himmeln,
dein Name werde geheiligt.
10 Dein Reich komme.
Dein Wille geschehe
wie im Himmel, [so] auch auf Erden.
11 Gib uns heute unser tägliches Brot.
12 Und vergib uns unsre Schulden,
wie auch wir vergeben haben
unsern Schuldnern.
13 Und führe uns nicht in Versuchung,
sondern erlöse uns von dem Bösen

Matthäus 6,9–13

8.39 Unterbrich mich nicht, Herr – ich bete!

Beter: „Vater unser, der du bist im Himmel . . .“
Gott: „Ja?“
„Unterbrich mich nicht! Ich bete!“
„Aber du hast mich doch angesprochen!“
„Ich dich angesprochen? Äh . . . nein, eigentlich nicht. Das beten wir eben so: Vater unser im Himmel!“
„Da, schon wieder! Du rufst mich an, um ein Gespräch zu beginnen, oder? Also, worum geht's?“
„Geheiligt werde dein Name . . .“
„Meinst du das ernst?“
„Was soll ich ernst meinen?“
„Ob du meinen Namen wirklich heiligen willst? Was bedeutet denn das?“
„Es bedeutet . . . es bedeutet . . . meine Güte, ich weiß nicht, was es bedeutet. Woher soll ich denn das wissen?“

„Es heißt, daß du mich ehren willst, daß ich dir einzigartig wichtig bin, daß dir mein Name wertvoll ist."
„Aha, hm, das verstehe ich.
Dein Reich komme, dein Wille geschehe, wie im Himmel also auch auf Erden . . ."
„Tust du das wirklich?"
„Daß dein Wille geschieht? Natürlich! Ich gehe regelmäßig zum Gottesdienst, ich zahle Kirchensteuer und Missionsopfer."
„Ich will mehr: daß dein Leben in Ordnung kommt, daß deine Angewohnheiten, mit denen du anderen auf die Nerven gehst, verschwinden, daß du von anderen her und für andere denken lernst: daß allen Menschen geholfen wird und sie zur Erkenntnis der Wahrheit kommen, auch dein Vermieter und dein Chef. Ich will, daß Kranke geheilt, Hungernde gespeist, Trauernde getröstet und Gefangene befreit werden. Denn alles, was du diesen Leuten tust, tust du dann für mich."
„Warum hältst du das ausgerechnet mir vor? Was meinst du, wieviel stinkreiche Heuchler in den Kirchen sitzen?
Schau die doch an!"
„Entschuldige, ich dachte, du betest wirklich darum, daß mein Herrschaftsbereich kommt und mein Wille geschieht. Das fängt nämlich ganz persönlich bei dem an, der darum bittet. Erst wenn du dasselbe willst wie ich, kannst du ein Botschafter meines Reiches sein."
„Das leuchtet mir ein. Kann ich jetzt mal weiterbeten?
Unser tägliches Brot gib uns heute . . ."
„Du hast Übergewicht, Mann!
Deine Bitte beinhaltet die Verpflichtung, etwas dafür zu tun, daß die Millionen Hungernden dieser Welt ihr tägliches Brot bekommen."
„Und vergib uns unsere Schuld, wie auch wir vergeben unseren Schuldigern . . ."
„Und dein Arbeitskollege?"
„Jetzt fang auch noch von dem an! Du weißt doch, daß er mich öffentlich blamiert; daß er mir jedesmal dermaßen arrogant

gegenübertritt, daß ich schon wütend bin, bevor er seine herablassenden Bemerkungen äußert. Das weiß er auch! Er nimmt mich als Mitarbeiter nicht ernst, er tanzt mir auf dem Kopf herum, dieser Typ hat . . ."
„Ich weiß, ich weiß! Und dein Gebet?"
„Ich meine es nicht so!"
„Du bist wenigstens ehrlich.
Macht dir das eigentlich Spaß, mit soviel Bitterkeit und Abneigung im Bauch herumzulaufen?"
„Es macht mich ganz krank."
„Ich will dich heilen. Vergib ihm doch, und ich vergebe dir. Vielleicht vergebe ich dir auch schon vorher. Dann sind Arroganz und Haß seine Sünde und nicht deine. Vielleicht verlierst du Geld; ganz sicher verlierst du ein Stück Image. Aber es wird dir Frieden ins Herz bringen."
„Hm, ich weiß nicht, ob ich mich dazu überwinden kann."
„Ich helfe dir dabei!"
„Und führe uns nicht in Versuchung, sondern erlöse uns von dem Bösen . . ."
„Nichts lieber als das. Melde bitte Personen oder Situationen, durch die du versucht wirst."
„Wie meinst du das?"
„Du kennst doch deine schwachen Punkte: Unverbindlichkeit, Finanzverhalten, Sexualität, Aggression, Erziehung. Gib der Versuchung keine Chance."
„Ich glaube, dies ist das schwierigste Vaterunser, das ich je betete. Aber es hat zum erstenmal etwas mit meinem alltäglichen Leben zu tun."
„Schön! Wir kommen vorwärts. Bete ruhig zu Ende."
„Denn dein ist das Reich und die Kraft und die Herrlichkeit in Ewigkeit. Amen."
„Weißt du, was ich herrlich finde? Wenn Menschen wie du anfangen, mich ernst zu nehmen, echt zu beten, mir nachzufolgen und dann das zu tun, was mein Wille ist. Wenn sie merken, daß ihr Wirken für das Kommen meines Reiches sie letztlich selbst glücklich macht."

8.40

1
unser vater
der du bist die mutter
die du bist der sohn
der kommt
um anzuzetteln
den himmel
auf erden

2
dein name werde geheiligt
dein name möge kein hauptwort bleiben
dein name werde bewegung
dein name werde in jeder zeit konjugierbar
dein name werde tätigkeitswort

3
bis wir
loslassen lernen
bis wir
erlöst werden können
damit
im verwehen des wahns
komme
dein reich

4
in der liebe
zum nächsten
in der liebe
zum feind
geschehe
dein wille –
durch uns!

5

unser tägliches brot
gib uns heute
damit wir nicht nur
für brot uns abrackern müssen
damit wir nicht
von brotgebern erpreßt werden können
damit wir nicht
aus brotangst gefügig werden

6

vergib uns
unsere schuld
und die schuld derer
die schuldig geworden sind
an uns

und was
wie niemandes schuld ist:
sachzwänge verhängnis ignoranz

und unseren verdacht
du selber könntest schuldig geworden sein
an so viel elend an zu viel leiden

vergib
wie auch wir

7

und führe uns nicht
wohin wir wie blind
uns drängen
in die do-it-your-self-apokalypse
sondern erlöse uns
von fatalität und sachzwang
damit das leben
das du geschaffen

bleibe auf diesem kleinen
bisher unbegreiflich erwählten
planeten
im schweigenden all

8
und zu uns
laß wachsen
den baum des glaubens
            wurzelnd in dir
            entfalte sich seine krone
auf erden:
            dein reich
das unsere freiheit
            deine kraft
die ohne gewalttat
            deine herrlichkeit
durch die wir gelingen können
            in ewigkeit

Kurt Marti

8.41

Kapital unser,
das du bist im Westen,
Amortisiert werde deine Investition
Dein Profit komme.
Deine Kurse steigen – wie in Wallstreet,
also auch in Europa.
Unser täglich Umsatz gib uns heute
und verlängere unsere Kredite,
die wir sie stunden unseren Gläubigern.
Und führe uns nicht in Konkurs,
sondern erlöse uns von den Gewerkschaften.
Denn dein ist die halbe Welt und die Macht
und der Reichtum
seit zweihundert Jahren: Mammon.

8.42 Antwort auf die Frage der linken Freunde warum wir beten

weil es uns um die brüderlichkeit geht
aller
nicht nur der christen oder einer anderen gruppe
aller
auch derer die nach uns leben werden
in unsern städten mit unserm wasser
von uns erzogen bis ins dritte und vierte glied
aller
der toten die vor uns gelebt haben
deren träume wir verraten haben
die träume von 1789 und die von 1917
weil es uns um die brüder geht
darum sagen wir manchmal

vater unser

weil unsere aufgabe unendlich ist
und unsere sehnsucht nicht kleiner wird im lauf des lebens
weil christus nicht der trank für uns ist
sondern der der unsern durst verstärkt
darum sagen wir manchmal

der du bist im himmel

weil wir an orten leben
wo menschen über menschen zu sagen haben
in betrieben büros und schulen
und wissen daß herrschaft die häufigste art ist
den namen gottes zu beleidigen
darum sagen wir manchmal

geheiligt werde dein name

weil wir den kreislauf fürchten
von produktion und konsum und profit
für den sie uns abrichten wollen
darum sagen wir manchmal

dein wille geschehe

weil wir nicht ohne angst sind auch vor uns selber
nicht ohne zweifel auch an uns selber und unserem weg
nicht ohne ironie auch für unsere versuche
darum sagen wir manchmal

dein reich komme

wir reden vom täglichen brot
und meinen den knopf der dem gefangenen
in der zelle fehlt
und die niedrigen zölle für waren aus ärmeren ländern
wir bekennen unsere schuld
als eines der reichsten länder der erde
die voller verhungernder ist
als bürger eines geordneten landes

das voller verzweifelnder ist
wir vergeben unsern schuldigern
die uns um das leben betrügen
indem wir nicht aufhören ihnen bessere vorschläge
zu machen
so ihre würde achtend
weil wir deutsche deutsche sind
blind vor nationalismus und krank an rachsucht
weil wir ganze länder nicht anerkennen
und grenzen des friedens nicht wahrhaben wollen
darum sagen wir manchmal

und führe uns nicht in versuchung

weil wir untertan sind
und nicht gelernt haben herrschaft zu begrenzen
und mächtige zu kontrollieren
und es noch kaum verstehen unser schicksal
mitzubestimmen
weil wir uns überlassen
der resignation und dem blinden schmerz
darum sagen wir manchmal

sondern erlöse uns von dem übel

weil wir glauben brauchen für das reich
das wir sind und bauen
und ermutigung für unsere arbeit
daß wir nicht umsonst entwerfen

darum sagen wir manchmal

dein ist das reich und die kraft und die herrlichkeit

und setzen darauf daß gott sei

in ewigkeit für uns.

Dorothee Sölle

8.43

George Grosz: Vaterunser

8.44 Warum?

Vater unser!
Wenn du im Himmel bist
und dein Name heilig ist,
warum geschieht dann nicht dein Wille,
auf der Erde wie im Himmel?

Warum gibst du nicht allen
ihr tägliches Brot?

Warum vergibst du uns nicht unsere Fehler,
damit wir unsere Klagen vergessen?
Warum fallen wir noch in die Versuchung, zu hassen?

Wenn du im Himmel bist, unser Vater,
warum befreist du uns nicht von dem Bösen,
damit wir dann sagen: *Amen?*

Marialzira Perestrello, Brasilien

8.45 Dein Wille, der Liebe ist, geschehe auf dieser Erde

Vater unser
Vater aller Menschen, die wir
Brüder sind.
Hilf, daß dein wirklicher Name, der
Liebe heißt,
uns allen vertraut werde.
Hilf, daß unter uns das Reich der
Gerechtigkeit und Liebe erschaffen werde,
das einige den
vollendeten Sozialismus nennen.
Dein Wille, der Liebe ist,
der sich im Kosmos vollzieht,
geschehe auch auf der Erde.
Hilf, daß alle Menschen auf dieser Erde
gesättigt werden.
Wir bitten dich, vergiß unsere Lieblosigkeit,
damit wir uns unsere Lieblosigkeiten verzeihen.
Auf daß wir nicht in die Versuchung kommen,
zur Vergangenheit zurückzukehren,
zu Entwicklungsstufen, die wir schon
überwunden haben.
Und befreie uns vom Übel aller
Unterdrückung.
Amen.

Ernesto Cardenal

8.46 Vater unser für Kinder

Wenn ich von meinem
Vertrauen sprechen will,
dann sage ich:

Vater unser im Himmel,
geheiligt werde dein Name.

Wenn ich erlebe,
wie friedlos die Menschen
sind,
dann hoffe ich:

Dein Reich komme.

Wenn ich manchmal mit
dem Kopf
durch die Wand will,
dann spreche ich:

Dein Wille geschehe, wie
im Himmel, so auf Erden.

Wenn ich merke, daß das,
was ich zum Leben habe,
nicht selbstverständlich ist,
dann bitte ich:

Unser tägliches Brot
gib uns heute.

Wenn ich andere spüren
lasse:
das geht mich nichts an,
dann bete ich:

Und vergib uns unsere
Schuld, wie auch wir verge-
ben unseren Schuldigern.

Wenn ich es mir zu leicht
machen will und nur noch
mich selbst sehe,
dann denke ich:

Und führe uns nicht in Ver-
suchung, sondern erlöse uns
von dem Bösen.

Wenn ich manchmal richtig
froh bin und fest hoffe,
daß alles gut wird,
dann glaube ich:

Denn dein ist das Reich und
die Kraft und die Herrlich-
keit. Amen.

Johannes Thiele

8.47 konkretes beten öffentlich

ich gehe jetzt
beten
sagt der junge.
beten für wen?
fragt der vater.
für die
bedrängten
sagt der junge
und trägt über
die hauptstraße
ein transparent
„gegen den miet
wucher des größten
steuerzahlers
der stadt“.
minuten später
muß der junge
seinen kopf
gegen
schlagstockhiebe
schützen;
konkretes beten
öffentlich
gegen
örtliches
honoriges
ist der
obrigkeit
ein
ärgernis.

Josef Reding

25 Deshalb sage ich euch: Sorget euch nicht um euer
Leben, was ihr essen oder was ihr trinken sollt, noch um
euren Leib, was ihr anziehen sollt! Ist nicht das Leben
mehr als die Speise und der Leib mehr als die Kleidung?
26 Sehet die Vögel des Himmels an! Sie säen nicht und
ernten nicht und sammeln nicht in Scheunen, und euer
himmlischer Vater ernährt sie [doch]. Seid ihr nicht viel
mehr wert als sie? 27 Wer aber von euch kann durch sein
Sorgen zu seiner Lebenslänge eine einzige Elle hinzuset-
zen? 28 Und warum sorgt ihr euch um die Kleidung?
Betrachtet die Lilien des Feldes, wie sie wachsen! Sie
arbeiten nicht und spinnen nicht; 29 ich sage euch aber,
daß auch Salomo in all seiner Pracht nicht gekleidet war
wie eine von diesen. 30 Wenn aber Gott das Gras des
Feldes, das heute steht und morgen in den Ofen geworfen
wird, so kleidet, wird er das nicht viel mehr euch tun, ihr
Kleingläubigen? 31 Darum sollt ihr euch nicht sorgen
und sagen: Was werden wir essen oder was werden wir
trinken oder womit werden wir uns kleiden? 32 Denn nach
allen diesen Dingen trachten die Heiden. Euer himmli-
scher Vater weiß ja, daß ihr all dieser Dinge bedürft.
33 Suchet vielmehr zuerst sein Reich und seine Gerechtig-
keit! Dann werden euch alle diese Dinge hinzugefügt
werden. 34 Darum sorget euch nicht um den morgenden
Tag; denn der morgende Tag wird seine eigne Sorge
haben. Jeder Tag hat genug an seiner eignen Plage.

Matthäus 6,25–34

8.48

Zeichnung: Bosc

8.49 Die Geschichte vom Sperling

Ich bin Fietje, der Sperling. Ich gehöre zu denen, die ein gewisser Jesus in seinen Reden erwähnt hat. Woher ich das weiß? Anscheinend kennt ihr uns Sperlinge wenig. Wir sind sehr aufmerksame und gelehrige Vögel. Außerdem leben wir gern in der Nachbarschaft des Menschen. Ich behaupte, es gibt keinen Ort in Palästina und in der Welt, an dem wir nicht anzutreffen sind. Auf den Höfen. In der Straße. Auf den Zweigen des Baumes. In der Dachrinne.

Daher kommt es, daß wir überall Bescheid wissen. Wir verstehen sogar vieles von der menschlichen Sprache. Wir hören diese seltsamen Geschöpfe, die nicht einmal Flügel haben, ja jeden Tag reden. Am Morgen treten sie aus dem Haus und halten Ausschau nach dem Himmel. Meist ist das Wetter ihnen nicht recht. Sie brauchen Sonne oder Regen für ihre Feldarbeit, je nachdem. Und da sie weder dem Regen noch der Sonne befehlen können, so wechselt ihre Laune häufig. Bei gutem Wetter haben sie gute Laune, bei schlechtem Wetter haben sie schlechte Laune. Sie krakeelen dann auf dem Hof und scheuchen uns von der Tenne fort. Wo wir ihnen doch nur ein paar Körner oder Brosamen wegpicken.

Vielleicht beneiden sie uns auch. Denn wir Sperlinge sorgen uns überhaupt nicht um das Wetter. Ob die Sonne scheint oder Regen aus der Wolke fällt, wir freuen uns täglich unseres Lebens. Wir flattern von der Dachrinne herunter, oder wo wir sonst zu Hause sind. Wir danken der Sonne, dem Regen, der Wolke, wir begrüßen unsere Sperlingfreunde, wir gehen der Katze aus dem Weg und suchen unser tägliches Körnlein. So einfach ist das für uns.

Dabei sind wir eigentlich recht leichtsinnig. Wenigstens für den Menschen sieht das so aus. Nicht mal um das Futter sorgen wir uns. Ob wir in drei oder vier Tagen noch satt werden. Ob der Herbststurm die Felder kahl macht. Ob es gar Flocken schneien wird im Winter. Wir legen keine Scheunen und Vorratsspeicher an. Wir können ja auch die Zeit nicht ausrechnen. Wir haben keinen Kalender und wissen nicht, ob der jeweilige Monat Juli oder August heißt. Dabei sind wir rege und gutgelaunt. Nicht wie

die Menschen, die oft mit finsterer Miene einhergehen, weil sie sich unnützen Kummer machen.
Am ehesten ähneln uns noch die Kinder. Sie leben wie wir in den Tag hinein, ohne zu fragen: Was wird morgen sein, was übermorgen. Warum? Weil sie ihren Eltern vertrauen. Die wissen schon, was morgen sein wird. Na, und hat nicht jede Kreatur einen Vater, der für sie sorgt, weil er sie geschaffen hat? Auch uns Spatzen?
Deshalb wundert es mich nicht, daß dieser Jesus, der ja ein großer Erzähler sein soll, uns Sperlinge zu einem Beispiel für die Menschen gemacht hat. O ja, er sprach von den Vögeln unter dem Himmel. Ich denke mir, damit wird er wohl hauptsächlich meine ansehnlichen Verwandten, die Adler, die Bussarde, die Raben gemeint haben. Sicherlich auch die Lerchen, die sich aufwärts in den Himmel schwingen. Die Amseln, die Drosseln, die Nachtigallen, die ihrer Lieder wegen berühmt sind. Ebenso die räuberische Elster, die nur ein häßliches Krächzen hervorbringt. Und den Kuckuck natürlich, der nichts als seinen eigenen Namen ruft und seine Eier in fremde Nester legt. Trotzdem frage ich: Weshalb sollte der Meister dabei uns Sperlinge vergessen? Wo doch von ihm gesagt wird, daß er das Kleine und Unscheinbare liebt?
Tatsächlich, wir können uns nicht besonders rühmen. Wir besitzen ein erdfarbenes Federkleid. Unser Gesang wird es niemals mit einem Buchfinken oder gar mit einem Zaunkönig, der doch der winzigste ist, aufnehmen. Trotzdem gehören wir zur Familie, welche der Meister die „Vögel unter dem Himmel“ genannt hat. Ich, der Sperling Fietje, halte das für eine vortreffliche Bezeichnung. Und der Meister hat dieses Wort sicherlich nicht ohne Absicht gebraucht. Denn von seinem „Vater im Himmel“ war noch öfter bei ihm die Rede. – Was sagte Jesus?
„Macht euch keine unnützen Sorgen“, sagte er, „Sorgen um Essen und Trinken und um eure Kleidung. Das Leben, das Gott euch gab, ist mehr als die Nahrung. Der Leib, den Gott erhält, ist mehr als die Kleidung. Seht die Vögel unter dem Himmel an! Sie säen nicht. Sie ernten nicht. Sie sammeln keine Vorräte in die Scheunen. Aber Gott, der Vater, ernährt sie doch. Fürchtet und ärgert euch nicht! Bangt auch nicht um den folgenden Tag. Es ist genug, daß jeder Tag seine eigene Plage habe.“

Ich kann dieser Rede nur zustimmen, auch wenn ich nicht vorhabe, mich, den Spatzen Fietje, als Vorbild hinzustellen. Nur zu gut weiß ich, daß wir kleine, unnütze oder gar verachtete Kreaturen sind in den Augen des Menschen. Aber vielleicht ist es bei diesem Jesus anders. Da gibt es nichts, was unnütz oder verachtenswert wäre. Sogar vom Unkraut im Acker hat er gesprochen, das doch heute blüht und morgen ausgerauft und verbrannt wird. Sollte es dann nicht wahr sein, daß wir alle, Menschen, Sperlinge, Kräuter und Unkräuter, Geschöpfe des gleichen Vaters sind?
Verzeiht mir die vielen großen Worte. Haltet sie einem Sperling zugute, von welchem man weiß, daß er nicht bloß ein unscheinbarer, sondern auch ein vorwitziger und neugieriger Vogel ist. Nie entdeckt er etwas Neues, ohne sein Tschilp Tschilp dazu zu sagen. Wieviel mehr, wenn er etwas Wichtiges aufgestöbert hat. Ich, der Sperling Fietje, tue deshalb keck meinen Schnabel auf und sage: Man soll auf diesen Jesus hören.

Rudolf Otto Wiemer

8.50

Einmal sagte er zu ihnen:
Seht euch die Vögel an! Euer himmlischer Vater
ernährt sie. Lernt von den Lilien, die auf dem Felde
wachsen. Euer himmlischer Vater kleidet sie.

Da dachten einige bei sich:
Verwelken etwa keine Lilien, und gehen Vögel nicht
zugrunde? Es ist offenkundig, daß der himmlische
Vater trotz seiner Sorge manches übersieht.

Walter Rupp

8.51

Jesus sagt nicht: Nehmt doch Vertilgungsmittel und rottet die Lilien, die ja ein Unkraut sind, aus, sondern: Seht die Lilien, sie sind kostbar.

Jesus sagt nicht: Haltet die Felder rein und verfolgt, was andere Farben hat, es stört das geschlossene Bild, sondern: Seht die Lilien, wie schön ihre andere Farbe.

Jesus sagt nicht: Erfüllt eure Norm, nur das Nützliche gilt, Nutzloses hat kein Lebensrecht, sondern: Seht die Lilien, sie blühen jenseits der nützlichen Norm.

Jesus sagt nicht: Züchtet das Teure, laßt, was daneben wächst, außer Betracht, es ist billig, gering und verächtlich, sondern: Seht die Lilien, die Schätze prangen umsonst.

Wolfgang Dietrich

8.52 Ein zweites Mal

Könnte ich mein Leben noch einmal von vorn beginnen,
würde ich versuchen, mehr Fehler zu machen.
Ich würde alberner sein, würde ganz locker werden,
nur noch ganz wenige Dinge ernstnehmen.
Ich würde entschieden verrückter sein und weniger reinlich.
Ich würde mehr Gelegenheiten beim Schopfe ergreifen und
öfters auf Reisen gehn.
Ich würde mehr Berge ersteigen,
mehr Flüsse durchschwimmen und
mehr Sonnenaufgänge auf mich wirken lassen.
Ich würde mehr Schuhsohlen durchlaufen,

mehr Eis und weniger Bohnen essen.
Ich würde mehr echte Probleme und
weniger eingebildete Nöte haben.
Wie sie bemerkt haben werden,
bin ich eine von denen, die
vorsorglich, vernünftig und gesund leben,
Stunde für Stunde,
Tag für Tag.

Nun, ich habe meine verrückten Augenblicke,
aber wenn ich noch einmal von vorn anfangen könnte,
würde ich mehr verrückte Augenblicke haben –
genau gesagt: Augenblicke,
einen nach dem andern,
und nichts mehr
von Plänen zehn Jahre voraus.
Wissen sie, ich bin eine von denen,
die für alle Fälle Thermometer, Wärmeflasche,
Gurgelwasser, Regenmantel und Fallschirm
bei sich haben.
Hätte ich ein zweites Leben,
ich würde sie zu Hause lassen.

Könnte ich mein Leben noch einmal von vorn beginnen,
ich würde in aller Herrgottsfrühe
barfuß in den Frühlingsmorgen laufen
und als letzte sagen: Jetzt ist der Herbst dahin.
Ich würde mehr Hockey spielen,
und vom Karussell würden sie mich nicht
mehr herunterbringen.

Gertrude Wilkinson

8.53

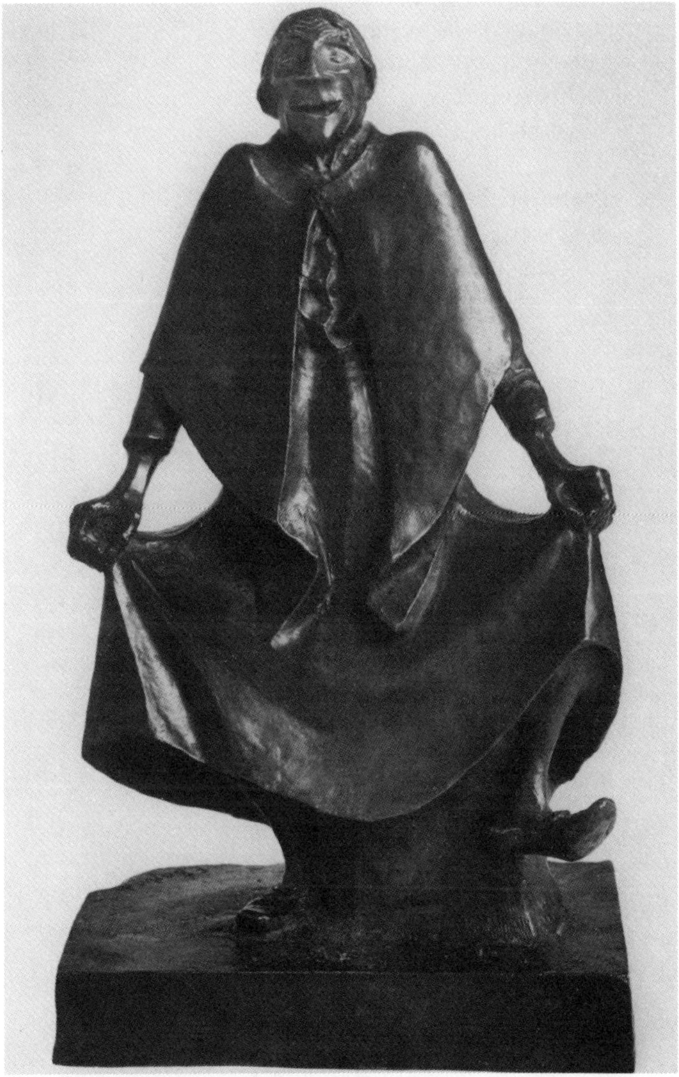

Ernst Barlach: Tanzende Alte (1920)

8.54

was haben wir gestern getan?
gegessen, geschlafen, gearbeitet . . .
nichts sonst?
sonst nichts.

gestern haben wir was getan?
gegessen, geschlafen, gearbeitet . . .
war das alles?
das war alles?
alles war das?

haben wir gestern was getan?
gegessen, geschlafen, gearbeitet . . .
nichts mehr?
mehr nicht?

getan haben wir gestern was?
gegessen, geschlafen, gearbeitet . . .
was wir alle tage tun,
tun wir das alle tage?
das tun wir alle tage?
alle tage tun wir das?
nichts sonst?
nicht mehr?
das ist alles?

Siegfried Niedergesäß

1 Richtet nicht, damit ihr nicht gerichtet werdet! 2 Denn mit
welchem Gericht ihr richtet, mit dem werdet ihr gerichtet
werden, und mit welchem Maß ihr meßt, mit dem wird euch
gemessen werden. 3 Was siehst du aber den Splitter in deines
Bruders Auge, des Balkens jedoch in deinem Auge wirst du
nicht gewahr? 4 Oder wie kannst du zu deinem Bruder sagen:
Halt, ich will den Splitter aus deinem Auge ziehen; und siehe,
in deinem Auge ist der Balken? 5 Du Heuchler, ziehe zuerst
den Balken aus deinem Auge, und dann magst zu zusehen, daß
du den Splitter aus deines Bruders Auge ziehst.

Matthäus 7,1–5

8.55

Wir alle leben gewaltfrei. *Wir* bedrohen niemanden. *Wir* stehlen niemandem, was er sich erarbeitet hat und worauf er Recht hat. In unserer friedlichen Gesellschaft wird niemand aus der Wohnung geworfen, auf die Straße gesetzt und in eine Unterkunft neben der Müllkippe, mit Ratten, gesteckt.
Wir leben in einer gewaltfreien Gesellschaft. *Wir* handeln nicht mit Waffen, die nach Afrika gehen, damit die Portugiesen dort in Angola ihr Vietnam anrichten können. Wir zwingen schließlich niemanden, unsere Waffen und Zubehör zu kaufen. Gewalt ist bei uns ganz unbekannt – von den paar Kriminellen abgesehen. Wir zwingen niemanden zu verhungern, wenn wir die Rohstoffpreise künstlich niedrighalten. Das hat doch mit Gewalt nichts zu tun, wenn wir die Einfuhren aus der dritten Welt drosseln.
Wir leben ganz ohne Gewalt. *Wir* jagen niemandem Angst ein. Wir diktieren doch keinem Menschen eine Arbeit, die er nicht will. Wir verdienen doch nicht an den Schwarzen, die in Südafrika in den großen KZs dafür sorgen, daß die Dividenden der Aktionäre steigen. Das hat doch mit Gewalt nichts zu tun, wenn wir immer reicher und die anderen immer ärmer werden. *Wir* haben mit Gewalt nichts im Sinn. *Wir* lehnen sie ab als politisches

Mittel. Wir wohnen friedlich nebeneinander, jeder in seinem Einfamilienhäuschen. Wir rasen nicht mit Autos aufeinander los, Kindesmißhandlungen sind bei uns unbekannt. Die 90 Kinder pro Jahr, die durch ihre Eltern zu Tode kommen, das sind schreckliche menschliche Verirrungen. Aber mit Gewalt hat das nichts zu tun. Das braucht auch nicht in die Zeitung. Das ist ganz überflüssig, solche unwichtigen Vorfälle so hochzuspielen. Und auch Vietnam, das wissen wir doch längst alles. Diese verbrannten Augenlider in den Kindergesichtern, das kommt vor, aber die Presse bauscht es *zu* sehr auf. Und außerdem, *wir* haben es doch nicht getan.
Mit Gewalt hat das alles nichts zu tun, was bei uns passiert. Die Neurosen, die leider immer mehr Menschen befallen, haben *ganz* individuelle Ursachen. Die Jugendlichen, die Schule, Lehre oder Studium abbrechen – mit Gewalt oder mit Leistungsdruck oder mit psychischem Streß hat das nichts zu tun. Wir leben ohne Gewalt. Ohne Waffengewalt, ohne Wirtschaftsgewalt. Wir leben gewaltfrei. Wir.

Politisches Nachtgebet

8.56 Vorurteile

Weil dein Vater im Gefängnis war,
wirst du auch Gesetze brechen.
Weil du einmal gestohlen hast,
wirst du es wieder tun.
Weil du reich bist,
weißt du nichts von der Not.
Weil du die Ausbeutung ablehnst,
bist du ein Kommunist.
Weil du Kritik an der Kirche übst,
bist du ein Ketzer.
Weil du der Kirche treu bleibst,
fehlt dir die Toleranz.
Weil du dem Christentum fernstehst,

kannst du nicht gut sein.
Weil du dich Christ nennst,
heuchelst du Liebe.
Weil du jung bist,
verstehst du vom Leben nichts.
Weil du alt bist,
hemmst du den Fortschritt.
Weil du an Werten festhältst,
bist du reaktionär.
Weil du nach Wegen
in der Gegenwart suchst,
verrätst du Erprobtes.
Aus dem alten und neuen Geflecht
menschlicher Vorurteile
einige Fäden gezogen.

Keins der unzähligen Vorurteile
ist wahr.
Keins dient dem Frieden.
Keins schafft Brüderlichkeit.

Jedes bedroht im Menschsein
jeden von uns.
Jedes kann tödlich wirken.
Jedes muß abgebaut werden.
Wie kann das geschehen?

Antwort gibt
das einzige Vorurteil Gottes,
zu *jedem* Menschen gesprochen:
Weil du mein Kind bist,
liebe ich dich!

Christa Peikert-Flaspöhler

8.57

Georges Rouault: Face à face

8.58 Splitter

entdeckt
hatte ich ihn
selbst
eines tages
war er da
nicht gesehen
nur gespürt
hatte ich
ihn
er trübte
meinen blick
brannte
in meinen lidern wasser
er war da
ich wurde ihn
nicht los

entdeckt
hatte ich ihn
selbst
andern tags
ging ich hin
ich spüre ihn
kannst du ihn
sehen
der trübte
seinen blick
der brannte
auf seinen mühlen wasser
er ist da
den wirst du

nicht los

entdeckt
hatte ich ihn
selbst
jeden tag
war er da
sie sahen
und ich spürte
ihn
er trübte
ihren blick
das brannte
ihr mund zog wasser
schaut da
der wird ihn
nie los

entdeckt
hatte ich ihn
selbst
eines tages
war ER da
ER sah ihn
erkannte
was ich spürte
was trübte
meinen blick
was brannte
nimm du von meinem wasser
ER war da
den splitter
war ich los

Jo Krummacher

*24 Jeder nun, der diese meine Worte hört und sie tut, ist
einem klugen Manne zu vergleichen, der sein Haus auf
den Felsen baute. 25 Und der Platzregen fiel und die
Wasserströme kamen und die Winde wehten und stießen
an jenes Haus, und es fiel nicht ein, denn es war auf den
Felsen gegründet. 26 Und jeder, der diese meine Worte
hört und sie nicht tut, ist einem törichten Manne zu
vergleichen, der sein Haus auf den Sand baute. 27 Und
der Platzregen fiel und die Wasserströme kamen und die
Winde wehten und stießen an jenes Haus, und es fiel ein,
und sein Fall war groß.*
*28 Und es geschah, als Jesus diese Reden beendet hatte,
erstaunte die Volksmenge über seine Lehre; 29 denn er
lehrte sie wie einer, der Gewalt hat, und nicht wie ihre
Schriftgelehrten.*

Matthäus 7,24–29

8.59 Mildernder Umstand

Der Sand,
auf den ich baute,
ist nicht böse,
sondern nur schwach.

Wie tröstlich
ist dieses Wissen
für mein
einstürzendes Haus!

Theodor Weißenborn

8.60 Aus dem Gedächtnisprotokoll eines zeitgenössischen Beobachters, die sogenannte Bergpredigt und ihre „Seligpreisungen“ betreffend

. . . Als der von mir Observierte das Volk sah, erklomm er eine von allen Seiten gut einsehbare Anhöhe und begann von dort aus die Menge aufzuwiegeln. Mit meinen eigenen Ohren hörte ich folgendes: „Verflucht sind die Reichen und Hochmütigen! Verflucht sind jene, die nicht wissen, was Leid ist! Verflucht sind die Gewalttätigen! Verflucht sind jene, die nicht mehr hungert und dürstet nach der Gerechtigkeit! Verflucht sind die Erbarmungslosen! Verflucht sind die Gerissenen! Verflucht sind die Kriegswilligen und die Kriegsvorbereiter! Verflucht sind alle die, die meine Leute, denen es letzten Endes ja nur um die Gerechtigkeit zu tun ist, verfolgen . . .“
Nach diesen Verwünschungen erging sich der Observierte in mehr oder minder geschickt drapierten Drohungen, alle darauf abzielend, die gegenwärtige Ordnung umzustoßen. Die Versammlung folgte der mehr als einstündigen Hetzrede mit Zurückhaltung. Erst gegen Schluß siegte das gesunde Volksempfinden. „Das Volk“ – ich zitiere aus dem in Abschrift beigefügten Protokoll des Matthäus – „entsetzte sich über seine Lehre . . .“

Jürgen Rennert

Quellennachweis

S. 16 Aus: Ders., Die wunderbare Zeitvermehrung. Verlag J. Pfeiffer, München [2]1983, S. 164 ff.; S. 19 Aus: Ders., Niedergefahren zur Erde. Quell-Verlag, Stuttgart [3]1980, S. 37; S. 20 Aus: Ders., Ich aber sage euch. Kreuz Verlag, Berlin/Stuttgart 1969, S. 124 (vergriffen); S. 21 Aus: Ders., Im Herzen des Tigers. P. Hammer Verlag, Wuppertal 1986, S. 18; S. 22 Aus: D. Sölle/F. Steffensky (Hg.), Politisches Nachtgebet in Köln. Kreuz Verlag, Stuttgart/M.-Grünewald-Verlag, Mainz 1969,

S. 107ff.; S. 24 © H. Nitschke; S. 26 Aus: H. Goldstein (Hg.), Tage zwischen Tod und Auferstehung. Patmos Verlag, Düsseldorf 1984, S. 175f.; S. 27 Aus: F. W. Kantzenbach, Die Bergpredigt. Verlag W. Kohlhammer, Stuttgart 1982, S. 9; S. 29 Aus: A. Reiser/P. G. Schoenborn (Hg.), Sehnsucht nach dem Fest der freien Menschen. Jugenddienst-Verlag, Wuppertal/Gelnhausen 1982, S. 110; S. 30 Aus: U. Seidel/D. Zils (Hg.), Aktion Gottesdienst II. Jugenddienst-Verlag, Wuppertal/ Verlag Haus Altenberg, Düsseldorf 1970, S. 227f.; S. 31 Aus: J. Dirnbeck/M. Gutl, Ich begann zu beten. Texte für Meditation und Gottesdienst. Verlag Styria, Graz, Wien, Köln ^{6}1982; S. 33 Aus: H. Goldstein (Hg.), Tage zwischen Tod und Auferstehung, a. a. O., S. 8; S. 34 (8.14) Aus: Ders., Alchimie. Quell-Verlag, Stuttgart 1987, S. 83; S. 35 Aus: Ders., Vom Mut, sanft zu sein. Verlag am Eschbach, Eschbach 1983, S. 57 (8.16), S. 40 (8.17); S. 36 Kohlegemälde. Nr. 15 des Zyklus „Die Passion“ in 60 Bildern von Otto Pankok. © E. Pankok, Hünxe; S. 37 Aus: Ders., Die wunderbare Zeitvermehrung, a. a. O., S. 33; S. 38 Mit frdl. Genehmigung des RADIUS-Verlags Stuttgart entnommen aus dem Band ‚geduld und revolte. die gedichte am rand‘ von Kurt Marti. © RADIUS-Verlag, Stuttgart 1984, S. 14; S. 40 (8.22) Aus: Ders., Das Gesamtwerk. Copyright © 1949 by Rowohlt Verlag GmbH, Hamburg; (8.23) Aus: Ders., Texte der Zuversicht. Verlag J. Pfeiffer, München 1972, S. 205; S. 41 Aus: Ders., Kreise schlagen. Oncken Verlag, Wuppertal und Kassel 1987, S. 28; S. 42 Mit frdl. Genehmigung des RADIUS-Verlags Stuttgart entnommen aus dem Band ‚Matthäus auf der Reise nach Vietnam‘ von De van Nguyen. © RADIUS-Verlag, Stuttgart 1979, S. 19ff.; S. 47 Aus: Ders., Kreise schlagen, a. a. O., S. 7; S. 48 Aus: Ders., Texte der Zuversicht, a. a. O., S. 172; S. 49 Aus: Ders., Wider die Resignation. Verlag Friedrich Pustet, Regensburg 1977, S. 60; S. 50 © J. Reding; S. 51 Aus: Politisches Nachtgebet in Köln, a. a. O., S. 2f.; S. 52 © H. Scharf; S. 53 Aus: Ders., Einmischung in innere Angelegenheiten. Quell-Verlag, Stuttgart ^{2}1981, S. 134ff.; S. 56 Mit frdl. Genehmigung des RADIUS-Verlags Stuttgart entnommen aus dem Band ‚geduld und revolte. die gedichte am rand‘ von Kurt Marti. © RADIUS-Verlag, Stuttgart 1984, S. 15; S. 57 © B. Wegner; S. 58 © Editions Jean-Jacques Pauvert/Siné, Paris; S. 61 Aus: Ders., GegenSätze. Antithesen im Sinne Jesu. Verlag am Eschbach, Eschbach 1984, S. 8; S. 62 Aus: Ders., Jesus-Texte. © 1972 by Verlags-AG Die Arche, Zürich; S. 63 © E. Zeller; S. 67 Mit frdl. Genehmigung des RADIUS-Verlags Stuttgart entnommen aus dem Band ‚geduld und revolte. die gedichte am rand‘ von Kurt Marti. © RADIUS-Verlag, Stuttgart 1984, S. 50ff.; S. 70 (8.42) Aus: Politisches Nachtgebet in Köln, a. a. O., S. 122ff.; S. 73 © VG Bild-Kunst, Bonn 1987; S. 74 Aus: H. Goldstein (Hg.), Tage zwischen Tod und Auferstehung, a. a. O., S. 204; S. 75 Aus: A. Reiser/P. G. Schoenborn (Hg.), Sehnsucht nach dem Fest der freien Menschen, a. a. O., S. 76; Aus: Th. Klocke/J. Thiele, Mit Kindern durch das Kirchenjahr. Verlag J. Pfeiffer, München 1982, S. 141f.; S. 77 © J. Reding; S. 79 Aus: Ders., Alles, bloß das nicht! © 1982 by Diogenes Verlag AG, Zürich; S. 80 Aus: Ders., Jesusgeschichten – Kindern erzählt. (GTB Siebenstern 811). Gütersloher Verlagshaus Gerd Mohn, Gütersloh 1985; S. 82 Aus: Ders., Erstaunliche Gleichnisse. Das Himmelreich ist wie . . . Verlag Styria, Graz, Wien, Köln 1985; S. 83 (8.51) Aus: Ders., Vom Mut sanft zu sein, a. a. O., S. 33; S. 85 Mit frdl. Genehmigung der E. Barlach Nachlaßvertretung, Hamburg; S. 86 Aus: i. c. h. junge Autoren bei Raith. 1970; S. 87 Aus: Politisches Nachtgebet in Köln, a. a. O., S. 2f.; S. 88 Aus: Dies., Stellenangebot. Gedichte. Lahn-Verlag, Limburg ^{2}1982, S. 36f.; S. 90 © VG Bild-Kunst, Bonn, 1987; S. 91 © J. Krummacher; S. 93 Aus: Ders., Alchimie, a. a. O., S. 58; S. 94 Aus: Dialog mit der Bibel. Malerei und Grafik aus der DDR zu biblischen Themen. Evang. Haupt-Bibelgesellschaft zu Berlin und Altenberg 2/1985, S. 112.

Einige Quellennachweise sind trotz Bemühungen des Verlages nicht möglich. Diesbezügliche Hinweise sind an den Verlag zu richten.

Biblische Texte verfremdet

– scheinbar vertraute Texte aus der Bibel erhalten Frische, Aktualität und Schärfe.

»... Die meisten (Beispiele) sind garstig, mitunter sind die biblischen Vorlagen ›entstellt bis zur Kenntlichkeit‹ (Klaus Staeck). Aber sie sind geeignet, erstarrte Wahrnehmungsmuster aufzubrechen ... Die Reihe ist eine Fundgrube für Lehrer und Mitarbeiter in Schule und Gemeinde. Und für alle, die neue Zugänge zur Bibel suchen.«

Deutsches Allgemeines Sonntagsblatt

Band 1
136 Seiten, kart.
Band 2–7
je 95 Seiten, kart.

Kösel-Verlag / Calwer Verlag